CW00508876

ALEXANDER KOROTKO

WAR POEMS

WAR POEMS

Alexander Korotko

Translated from the Russian into English by Andrew Sheppard

Translated from the Russian into Ukrainian by Olha Ilchuk

© 2022, Alexander Korotko

English translation © 2022, Andrew Sheppard

Ukrainian translation © 2022, Olha Ilchuk

Introduction © 2022, Andrew Sheppard

Cover art, book cover, and book layout by Max Mendor

This collection copyright © 2022, Glagoslav Publications B.V.

www.glagoslav.com

ISBN: 978-1-914337-94-9

First published by Glagoslav Publications in September 2022

A catalogue record for this book is available from the British Library.

This book is in copyright. No part of this publication may be reproduced,
stored in a retrieval system or transmitted in any form or by any means
without the prior permission in writing of the publisher, nor be otherwise
circulated in any form of binding or cover other than that in which
it is published without a similar condition, including this condition,
being imposed on the subsequent purchaser.

ALEXANDER KOROTKO

WAR POEMS

TRANSLATED FROM THE RUSSIAN INTO ENGLISH BY ANDREW SHEPPARD

TRANSLATED FROM THE RUSSIAN INTO UKRAINIAN BY OLHA ILCHUK

GLAGOSLAV PUBLICATIONS

СОДЕРЖАНИЕ   ЗМІСТ

CONTENTS

INTRODUCTION

When I asked Alexander Korotko about the genesis of these *War Poems*, he told me that when Russia invaded Ukraine on 24th February 2022:

> There was shock at the beginning. It was hard to come to terms with this tragedy. There was no question of any poetry at all. [However,] Gradually the soul came to life, and from 11th March I wrote in complete prostration, two or three poems each day. I wrote, as a rule, at night.
>
> I had no thought of how many of them would be written, and whether they would be published in journals, still less of the publication of a separate book; there were no thoughts about that at all.

Alexander went on to say that he could not have imagined that there would soon be at total of 88 poems:

> When I was about to put an end to it, about 50 poems had been written. But inspiration and the Creator did not agree with my decisions, and they forced me to sit down at the table and write under their dictation to the point of complete exhaustion.

It was in mid-June – 96 days after he began – that Alexander finally drew a line beneath what may yet prove to be only the first part of his poetic response to Vladimir Putin's war on Ukraine.

He was aware of the dangers of jingoism, and took care that his patriotism did not fall into that:

> Patriotism is a very intimate thing, but to convey it on paper without being fake, with the help of a word, is a practically impossible task. Moreover, [my] task was to avoid hysteria, pathos, and not turn poetry into pop music.

He concludes that it is for the reader to decide how well he succeeded in his objectives.

A particular characteristic of this war is the targeting of civilian infrastructure – apartment blocks, shopping malls, a theatre in which many children were sheltering, a maternity hospital, a crowded railway station…. We need not be surprised, then, that Alexander's poem no. 35, "Kyiv", references Guernica, a quiet village, ten miles from the front line of the Spanish Civil War, that was bombed in April 1937 on its market day by Nazi warplanes, essentially as an act of terrorism, rather than as a military objective.

Poem no. 52:

> A girl in a modest
> coat,
> a red heart
> leaves
> for death, forever….
> how to explain to her
> the invaders are right:
> girl,
> you are just an enemy….

In poem no. 20, Alexander observes the death in a field hospital of a soldier, aged 45:

> Here is the military
> field hospital.
> You understand the conditions?
> So-so,
> but human.
> And he is one of them –
> of the wounded, of course….

What of the Russian soldiers, sent to "liberate" Ukrainians from evils of which most of them seem completely unaware? Poem no. 23:

> What a strange people.
> We came on tanks
> to save you,

but for some reason you
are not happy.

The same poem goes on to examine the response of "the West":

They tremble like aspen
leaves in a breeze,
repeating like a mantra
"None of our soldiers
not one of our soldiers…."
We [the Russians] kill you with brotherly love,
and they kill you with
European
friendship.

Frustration with the West's fastidious policy with respect to placing its forces on the ground, or in the air of Ukraine, also with the tardiness of delivery of promised aid, is a recurring theme throughout this collection. In poem no. 36, the poet seems to be getting towards the end of his tether:

what will happen
to us?
Is the world really
totally deaf?

Poem no. 60 evokes Ukraine's nightmare past:

There was an order
for the roosters to scream
at the top of their lungs,
announcing the thirties
in grey uniforms,
and in the zone
the guard did not sleep at night….
Half the country
is in camps,

half the country
in interrogations....
The power of workers,
peasants and some
sailors....

There has of course been much more of that in the "Borderland", the Old Slavonic word for which is held to give Ukraine its modern name. In whole or in part, Ukraine has so often been seen by belligerent empire-builders as ripe for invasion, annexation and plunder.

Is there still hope? Poem no. 88, "Motherland":

The umbilical cord of love
is a Ukrainian field,
spacious and wide,
like the soul of summer
with a golden shimmer
of wheat.

Above the steppe at night are the "mosquito-bite stars":

and breathing is so easy,
it seems that,
in one more moment,
the [Milky Way]
will spread
mother's towel
with magical gifts
of heartbeats.

Andrew Sheppard
28th June 2022

WAR POEMS

ЛЕТОПИСЬ
(день первый)

Тревожная кардиограмма
молний
и звуковые сообщения
грома
впиваются в живую
мишень
иллюзорного полнолуния
мирной жизни.
Мы ещё спали,
а кандалы ночи
уже повисли на ногах
рассвета.

24.02.2022
Место событий –
УКРАИНА.

ЛІТОПИС
(день перший)

Тривожна кардіограма
блискавиць
і звукові повідомлення
грому
впинаються у живу
мішень
ілюзорної місячної повні
мирного життя.
Ми ще спали,
а кайдани ночі
вже висіли на ногах
світанку.

24.02.2022
Місце подій
УКРАЇНА.

1

CHRONICLE
(the first day)

An alarming cardiogram
of lightning
and audio messages
of thunder
bit the living target
of the illusory
full moon
of peaceful life.
We were still sleeping,
but the shackles of the night
were already clamped
on the legs of dawn.

24th February 2022
Place of events –
UKRAINE.

В крови
вышиванка,
и солнце
во мгле.
С ночи
до ранку
колоннами
танки
идут
по Земле.
И не смеются
больше дети,
и стонет поле,
стонет ветер,
и воздух
бомбами
прошит.
Нам жить
придётся
с этой болью
средь нашей
правды
и вашей лжи.

У крові
вишиванка,
і сонце
в імлі.
З ночі
до ранку
колонами
танки
йдуть
по Землі.
Не усміхаються
діти,
і стогне поле,
стогне вітер,
і бомбами
простір
прошито.
Нам жить
доведеться
з цим болем
посеред
правди нашої
та брехні вашої.

2

In the blood
embroidered shirt,
and the sun,
in the fog.
From night
until morning
columns of
tanks
churn
our Earth.
Children
no longer laugh,
the field groans,
the wind moans
and bombs
pierce
our air.
We have to live
with this pain –
will have to live
with our
truth
and your lies.

3

На плечи девичьи
весны,
на душу Родины
моей несломленной
страны
легла не просто
тень войны,
а смерть
с открытыми глазами.
Не спрашивайте
оккупанты,
что будет с вами,
когда взорвутся ваши
сны
от бомб, упавших
на города и сёла
наши.

3

На рамена дівочі
весни,
на нескорену душу
Вітчизни
лягла не просто
тінь війни,
а смерть
з розверстими очима.
І не питайте,
окупанти,
що буде з вами,
як розірвуться ваші
сни
від бомб, упалих
на міста і села
наші.

3

On the gentle shoulders
of spring
on the soul of my motherland –
of my unbroken
country,
there was not just the
shadow of war
but death
with eyes wide open.
Do not ask,
occupiers,
what will happen to you
when your dreams
explode
from the bombs that fall
on our villages and
towns.

4

Какая долгая Зима!
О только б не сойти
с ума.
И звуки сирены –
призывы шофара –
спасали смирённых
в минуты кошмара.
А снег стеариновый
падал и падал
с Родины неба
на родину Ада.

4

Як довго тягнеться Зима!
Як тут не тронутись ума!
І звуки сирени,
як заклик шофара,
спасали смиренних
у миті покари.
А сніг стеариновий
падав і падав
з Раю краю
у Пекло краю.

4

What a long winter!
Oh just don't go
crazy.
And the sound of a siren –
calls of a shofar horn
saved the humble
in moments of nightmare.
And the wax-like snow
fell and fell
from the Motherland of Heaven
to the motherland of Hell.

5

Какие разные
судьбы:
у нас война,
и время
окрашено
в цвет красный;
у вас, в Европе,
мир,
и время
от страха
над вами реет
белым флагом,
и сердце
каменное,
увы,
у вас одно
на всех.

5

Які різні
долі –
у нас війна
і час
пофарбовано
в колір червоний,
у вас, у Європі,
мир,
і час
од страху
над вами тріпоче
прапором білим,
і серце з каменю,
от де біда,
у вас на всіх
одне.

5

What different
fates –
we have a war,
and time
is coloured
red;
you, in Europe,
have peace,
and time,
because of fear,
flies over you
with a white flag
and a heart
of stone.
Alas,
you have one
for everyone.

6

Это не ваше
солнце,
это наше
Солнце
сегодня в трауре.
Это наши Убитые,
стали нашими
Ангелами-Спасителями.

6

Це не ваше
сонце,
це наше
Сонце
сьогодні в жалобі.
Це наші Вбиті
стали нашими
Янголами-Спасителями.

6

It is not your
sun,
it is our
Sun
in mourning today.
These, our Killed,
have become our
Saviour Angels.

7

Обуглены глаза от слёз
наших детей и матерей.
Я слышу, как стонет
от ран моя Земля.
И спят в объятьях ночи
сёстры времени –
непрошеная смерть
и трепетная жизнь.

7

Очі обпечені від сліз
наших дітей і матерів.
Я чую, як ячить
від ран моя Земля.
І сплять в обіймах ночі
сестри часу –
смерть незапрошена
і трепетне життя.

7

Eyes burnt by the tears,
of our children and mothers.
I hear how my Earth
groans from wounds.
And the sisters of time sleep
in the arms of the night –
uninvited death
and tremulous life.

8

Бессонницы приманку
мы заглотнули,
как умели,
мы не успели
оглянуться, как вой
сирены
уже завёл свою
шарманку.
И время в клочья,
кто поверит,
жизнь разделилась
на До и После,
и вздулись вены
горизонта,
и смерти распахнулись
двери.

8

Безсоння принаду
ми проковтнули,
як зуміли,
не встигли
й озирнутись ми,
як виття сирени
вже завело свою
шарманку.
І час на клапті,
хто повірить,
життя розпалося
на До та Після,
набрякли вени
горизонту,
і смерті розчахнулись
двері.

8

We swallowed the bait
of sleeplessness
the way we could.
We didn't have time
to look around.
Like a howl,
sirens began their
hurdy-gurdy.
Time is torn to shreds.
Who could believe that
life has been rent
into before and after.
Horizon's veins
have swollen.
Death
burst open doors.

9

Ночь с утра,
душа народа
тяжелее тучи.
ВОЙНА.
Тише, ради
Б-га, тише,
спят детские
коляски
убитых детей.

9

Ніч з ранку,
душа народу
важча хмари.
ВІЙНА.
Тихо, ради
Б-га, тихо,
сплять дитячі
візочки
вбитих дітей.

9

Night from morning,
the soul of the people
is heavier than clouds.
WAR.
Hush,
for God's sake, hush,
the prams
of the murdered children
are sleeping.

МАРИУПОЛЬ

Смертельно-бледная
луна
застыла над городом
в согбенной позе,
читая поминальную
молитву.
Город в кольце, а города
НЕТ.
Лишь стоны под завалами
ТЕАТРА.
Остался театр военных
действий,
а театра больше
НЕТ.
Он памятником стал,
он братской могилой
стал
для тех сердец,
что перестали биться
в его объятьях каменных
навечно.
Не спрашивай,
где жёстче спать,
в подвалах
или на перинах пуховых
облаков.

МАРІУПОЛЬ

Смертельно-блідий
місяць
заледенів над містом
у зібганій поставі,
читаючи молитву
поминальну.
Місто в облозі, а міста
НЕМАЄ.
Лиш стогін під завалами
ТЕАТРУ.
Залишився театр воєнних
дій,
але театру більш
НЕМАЄ.
Він пам'ятником став,
став братською могилою
для тих сердець,
що перестали битись
в його обіймах кам'яних
назавжди.
І не питайте,
де жорсткіше спати
в підвалах
чи на перинах хмар
пухових.

MARIUPOL

A deathly pale
moon
froze over the city,
bent in posture,
reading the funeral
prayer.
This city is encircled, but
the city is NO MORE.
Nothing but groans under the
THEATRE rubble.
The theatre of war
remains, but
the theatre is NO MORE
It has become
a monument,
a mass grave
for those hearts
that stopped beating
forever
in its stone arms.
Do not ask
where sleep is harder
 – in the cellars
or on the downy,
feather beds
that are the clouds.

11

Какая трудная
работа
в часы войны
идти
к рассвету
сквозь
долгие туннели
ночи.

11

Яка виснажлива
робота
в добу війни
йти
на світанок
крізь затяжні
тунелі
ночі!

11

What a difficult
job
in the hours of war
to go
to dawn
through
the long tunnels
of night.

Что может быть
страшнее
боя,
ночь перед боем
и ожидание начала
боя,
когда по наковальне
сердца
бьёт колокол
воспоминаний
нетронутой войною
жизни.

Що може бути
жахливіше,
ніж бій,
ніч перед боєм,
дожидання бою,
коли в ковадло
серця
б'є дзвін
спогадів
життя,
недоторканного
війною.

12

What could be
worse than
a battle?
The night before the battle,
and the expectation of
the start of the battle;
when the bell
of memories
of a life
untouched by the war
beats on the
anvil of the heart.

Такой сегодня
бизнес,
не долларами
и не евро,
мы кровью
платим
Западу
за помощь,
а Запад
рассчитываться
не спешит.

Такий сьогодні
бізнес,
не доларами
та не євро,
ми кров'ю
сплачуємо
Заходу
за поміч,
а Захід
заплатити
не спішить.

13

Such is business
today,
not in dollars,
not in euros;
we pay
the West
for help
with blood,
but the West
makes no haste
to deliver.

14

Что ты знаешь,
сынок, о войне,
и что значит
за Родину
умирать,
когда мурашки
по коже
не от страха
бегут и бегут
туда, где бой,
где орёл
или решка –
жизнь
или смерть,
короче,
как карта
ляжет.

14

Що знаєш,
синку, про війну
та як
край рідний
захищають,
коли по шкірі
сироти
не зо страху
біжать, біжать
туди, де бій,
де чіт
чи лишка –
життя
чи смерть,
словом,
як карта
ляже.

14

What do you know
about the war, son,
and what does it mean
to die for
the Motherland,
when goosebumps
do not run
from fear,
but run to where
the battle is,
where life
or death,
heads or tails,
in short,
is how
the card
will fall.

Солдатик русский,
что ты забыл
в моей Земле?
И без тебя
хватает горя.
Ты лучше
мамку пожалей,
когда придёт
груз 200
к ней,
когда слезами
окропит
твоё убитое
лицо.
Солдатик русский,
ты лучше
мамку сбереги,
себя уже
ты не сберёг.

Солдатік русскій,
що забув ти
в моїй Землі?
Без тебе
вистачає горя.
Ти краще
мамку пожалій,
коли прийде
груз 200
їй,
коли слізьми
окропить
твоє лице
убите.
Солдатік русскій,
ти краще
мамку збережи,
себе ж ти
не вберіг.

15

Russian soldier,
what did you forget
in my land?
We had grief enough
without you.
You would do better
to pity mommy,
when
cargo 200[*]
arrives for her;
when her tears
will sprinkle
your lifeless
face.
Russian soldier,
you would do well
to spare mommy;
since yourself
you could not save.

....

[*] Cargo 200 – rpyз 200 – is a military code used in the Soviet Union and the post-Soviet states referring to the transport of military fatalities. Cargo 300 is the wounded; Cargo 100 ammunition.

Не доверяйте
тишине:
она напугана
и озирается
по сторонам.
Не верьте,
что всему виной
Война,
она не меньше
нас
страдает.

Не довіряйте
тишині,
вона сполохана
та в усі боки
роззирається.
Не вірте,
це не Війни провина,
вона не менш
від нас
страждає.

16

Do not trust
silence.
It is scared,
and looks around
to both sides.
Do not believe
the war is
all to blame.
It suffers too,
no less
than us.

Оловянные
солдатики
Европы,
проснитесь,
пока
не поздно,
жизнь
не игра.

Олов'яні
солдатики
Європи,
прокиньтесь,
доки
не пізно.
Життя
не гра.

17

Tin
soldiers of
Europe,
wake up,
whilst it is
not too late.
This is life,
not a game.

Защитите небо,
не только
нас убивают,
но и души
наших
погибших
в этой
войне.

Захистіть небо,
не лише
нас убивають,
але й душі
наших
загиблих
у цій війні.

18

Protect the sky.
Not only
are we
being killed
in this war;
the souls of
our dead
perish too.

19

Люди мира,
заела
монотонность,
рутина,
как уличная
девка,
прохода не даёт,
хотите остроты,
эмоций
через край,
ну что ж,
берите на первое
обложку журнала
TIME,
а на второе
репортажи
CNN
об Украине.
И вот уже
воображение
рисует,
как чёрный лебедь
бомбардировщиком
кружит
у вас над головой.
Я знаю: вы за мир,
но только у себя
в ЕВРОПЕ.

19

Люди світу,
живцем заїла
монотонність,
буденність,
як повія,
просвітку не дає,
жадаєте бурхливих
почуттів,
щоби за край,
ну що ж,
беріть як першу страву
обкладинку журналу
TIME,
як другу –
репортажі
CNN
про Україну.
І ось уява вже
зображення
малює,
як чорний лебідь,
бомбовоз
кружляє
у вас над головою.
Я знаю: ви за мир,
у себе лиш,
в ЄВРОПІ.

19

People of the world,
stuck in
a monotony
of routine that,
like a street
wench,
does not enlighten.
If you want sharpness,
emotions
over the edge,
well, help yourself,
see first
the cover of
TIME magazine,
then turn
to CNN
for reports
about Ukraine.
And now
imagine
a black swan
circling
like a bomber
over your
head.
I know you are for peace,
but only for yourselves
in EUROPE.

Вот госпиталь,
военный, полевой,
условия, сам понимаешь,
так себе,
но человеческие,
и он один из них,
из раненых, конечно,
простой солдат
лет сорока пяти,
он весь в бинтах, и кровь
застывшая напоминает
о себе.
И вдруг, ни слова не сказал,
приподнимается
с кровати он и, как бы
извиняясь, говорит
куда-то в бездну,
в пропасть, пустоту,
ну сколько можно
убивать,
затем ложится
на кровать
и тихо, незаметно
умирает.

Ось тут шпиталь,
військовий, польовий,
вигоди, сам розумієш,
такі собі,
та людські,
один з поранених,
простий солдат,
десь років 45,
весь у бинтах,
й застигла кров
нагадує про себе.
I раптом він,
не кажучи ні слова,
встав з ліжка
й, перепросивши ніби,
очима мовив
десь в безодню,
в провалля, в порожнечу,
ну скільки можна
вже вбивати,
тоді лягає
в ліжко
й тихо, непомітно
помирає.

20

Here is the military
field hospital.
You understand the conditions?
So-so,
but human.
And he is one of them –
of the wounded, of course.
A simple soldier,
forty-five years old.
He is covered in bandages and blood –
frozen reminders
of himself.
Without saying a word,
from the bed
he suddenly rises and,
apologetically, as it were,
he says,
somewhere in the abyss,
into the void – emptiness –
"Well, how much
can kill?"
Then he lies down
and quietly, imperceptibly,
dies.

В горизонтальной плоскости
Божественной любви,
как в памяти людской,
остались города
Ирпень, Чернигов, Мариуполь
прекрасными,
как были до войны.
Но вот вид сверху,
с космоса,
все видится чернее ночи.

У горизонтальній площині
Божистої любови,
як в пам'яті людській,
залишились міста
Ірпінь, Чернігів, Маріуполь
прекрасними,
як до війни були.
Та ось згори вид,
з космосу,
чорніше ночі.

21

In the landscape
of divine love,
as in human memory,
these cities,
Irpin, Chernihiv, Mariupol,
remain beautiful –
as they were before the war.
NOW, here's the view
from space –
everything looks blacker than the night.

ИРПЕНЬ

Помнишь речку, речушку
Ирпень,
что едва было видно
на карте?
Разлилась, стала морем –
неистовым горем!
Позвоните ей после
Войны
с того света и с этого
тоже.
ПОДЗВОНІТЬ їй, будь ласка,
після війни.

ІРПІНЬ

Ти пам'ятаєш річку
Ірпінь,
яку ледь було видно
на мапі,
розлилась, стала морем –
нестямним горем.
Подзвоніть їй після Війни
з того світу і з цього тож.
ПОДЗВОНІТЬ їй, будь ласка,
після війни.

22

IRPIN

Do you remember
the Irpin river,
that was barely visible
on the map?
Spilled, it became a sea –
of furious grief!
Call her after
the War,
from the other world
and from this.
CALL her please
after the war.

Что вы за люди?
Что за странный народ?
Мы на танках спасать
вас пришли,
ну а вы почему-то
не рады.
Нет ни страха, ни ужаса
в ваших глазах.
Посмотрите на Запад.
Он дрожит, как осиновый
лист на ветру,
повторяя, как мантру:
ни один наш солдат,
ни один наш солдат.
Неужели вам трудно понять
мироустройство
и миропорядок земной?
Мы вас братской любовью
убьём, а они европейскою
дружбой.

Які ви загадкові!
Який дивний народ!
Ми на танках спасти
вас прийшли,
а ви нам чогось
не раді.
Ні страху, ні жаху
у ваших очах.
Погляньте на Захід.
Він на вітрі тремтить,
як осиковий лист,
та повторює мантру:
жоден солдат наш,
жоден солдат наш.
Невже втямити важко
наш світолад
і світоустрій земний?
Ми любов'ю та братством
вб'ємо вас, а вони –
європейською дружбою.

23

What kind of people are you?
What a strange people.
We came on tanks
to save you,
but for some reason you
are not happy.
There is no fear or terror
in your eyes.
Look to the West.
They tremble like aspen
leaves in a breeze,
repeating like a mantra
"None of our soldiers,
not one of our soldiers…."
Is it hard for you to understand
world order,
and the proper order of the earth?
We kill you with brotherly love,
and they kill you with European
friendship.

Был бой как бой,
каких уже немало было.
Солдаты шли гуськом,
ругались страшным,
диким матом,
а как иначе, ведь на войне
как на войне.
И не было в глазах их страха,
на кураже шли наши дети,
шли по своей Земле,
никто не думал, что умрёт,
не до того им было.

Був бій як бій,
яких було немало.
Вервицею солдати йшли
та лаялись жахливим
диким матом,
ну що поробиш, на війні
як на війні.
Не знали страху їхні очі,
на куражі йшли наші діти,
йшли по своїй Землі,
ніхто не думав, що помре,
було їм не до того.

24

It was like a battle,
of which there were already many.
The soldiers marched in single file,
cursing with terrible,
wild obscenities.
But how else? In war,
war is like war.
There was no fear in their eyes,
our children walked on courage,
walked on their Earth.
No one thought that they would die,
not before their time.

Мы с тобой
никуда
не ушли,
значит, мы
не приходим.
Это наша
Война,
это
Родина
наша.
Дом
разрушен,
но это наш
Дом.

Ми з тобою
нікуди
не йшли,
отже, ми
не вертаєм.
Це наша
Війна,
це наша
Вітчизна.
Дім
зруйновано,
та це наш
Дім.

25

We have not
gone
anywhere;
are not
leaving.
This is our
War,
this is
our
Motherland.
Our house
is destroyed,
but it is still
Our house.

НАВАЖДЕНИЕ

Когда встречаются
портреты предчувствий
новой тишины
с гримасами чудовищ
на зловещих лицах,
я вздрагиваю от взрывов
сердцебиений,
во мне звучит воздушная
тревога потрясений,
как посягательство
на прожитую жизнь.
И в этот час
в пылу смятений
сгорает
реальность прожитых
ночей.
Идёт рассеяние
Великого народа
бессмертной Родины
моей.

ПРИМАРА

Коли стрічаються
портрети передчуттів
нової тиші
з гримасами чудовиськ
на зловісних лицях,
здригаюсь я від вибухів
серцебиттів,
і у мені звучить повітряна
тривога потрясінь,
як зазіхання
на пережите життя.
І в цю добу
у розпалі сум'яття
згорає
пройдених ночей
реальність.
Іде розвіяння
Великого народу
моєї невмирущої
Вітчизни.

26

OBSESSION

When
forebodings
of a new silence
encounter the grimaces
of monsters on sinister faces,
I flinch from explosions
of heartbeats,
an air horn
sounds within me,
like an attack
on the life I have lived.
And at this hour
in the heat of confusion
the reality of past
nights
burns down.
There is dispersion
of the Great people
of my immortal
Motherland.

СТЕАРИНОВЫЙ ДОЖДЬ

С Родины жизни на родину смерти
за доли секунд, за крупицы
мгновений,
с билетом «прощайте» в чёрном
конверте,
с надеждой на память иных
поколений,
без провожатых, вокзала и трапа,
без расставаний и нежных объятий,
а дождь стеариновый капал и капал
на девичьи плечи, на женские
платья.
Марш доиграют звёзд медные
трубы,
с первых аккордов прощальный,
надрывный,
лишь небо безмолвное, стиснувши
зубы,
прошепчет упрямо: «Ребята, вы
живы!
Давайте пробьёмся сквозь судеб
изгибы,
покуда рассвет с горделивой
осанкой
склонился над домом плакучею
ивой,
ещё не окрепшей тенью подранка».

СТЕАРИНОВИЙ ДОЩ

З Країни життя у країну смерти
за хвилю, миттєвість, секунд
миготіння
з квитком «прощавайте» у чорнім
конверті
з вірою в пам'ять не цього
покоління,
без проводжання, вокзалу та трапу,
без ніжних обіймів, без
розставання,
а дощ стеариновий крапав і крапав
на плечі дівочі й жіночі вбрання.
Марші дограють зірок мідні труби
з перших акордів прощальні,
надривні,
лиш небо безмовно стиснуло зуби
та вперто шепоче: «Хлоп'ята, живі ви!
Прорвімося, хлопці, крізь доль наших
звиви,
допоки світанку поважна постава
схилилась над хатою, мов верболози,
мов птаха-підранка тінь кволо-
хирлява».

27

CANDLE-WAX RAIN

From the homeland of life to the homeland of death
in a fraction of a second, a fraction of a moment
with a farewell ticket in a black envelope,
with hope for the memory of other generations,
without escorts, station and gangway,
without parting and tender hugs,
and the candle-wax rain dripped and dripped
on girls' shoulders, on women's dresses.
The brass band will finish the march of the stars,
from the first chords a heart-breaking farewell,
only the silent sky, gritting its teeth,
whispers stubbornly: "Guys, you are alive!
Let's break through the twists of fate
until the dawn – proudly bending over the house like a weeping willow,
not yet strengthened by the shadow of a wounded animal."

Так не умирают
и так не живут.
Так тлеют
и догорают
в тени обречённых
минут.
Встаньте с колен,
как берёзы
и сосны,
и дни,
обращённые
в тлен,
верните
зимам и вёснам
проталинами
безжизненных вен.
В рассветной
больничной
палате,
где раны
ветрами зализаны,
вспомните
о погибшем
солдате,
а не о паспорте
с визами.

Так не вмирають
і так не живуть.
Так тліють
і догорають
в тіні безнадійних
хвилин.
Встаньте з колін,
як берези
та сосни,
і дні,
перетворені
в тлінь,
верніть
зимам і веснам
таловинами
знекровлених вен.
Світанок
в палаті
лікарні,
де рани
вітрами зализані,
згадайте
загиблих солдатів,
а не про паспорт
з візами.

28

So they do not die
and they do not live like that.
They smoulder and burn
out in the shadow
of the doomed
minutes.
Get up from your knees
like birches
and pines
and redeem the days
turned
to ashes
with winters
and springs
with thawed patches
of lifeless veins.
In the dawn
field-hospital
ward,
where the wounds
are licked by the winds,
remember
the dead
soldier,
not the passport
with visas.

Кровосмешение
эпох.
Слезой мгновенье
покатилось,
бой барабанов,
мир оглох,
война коварная
взбесилась.
И кажется,
что жизнь прошла,
остановилась,
поглупела,
воспоминания
зола
легла на сердце
неумело.
Но снег
и яблоневый цвет
летят в тумане
птицей белой,
и солнце
смотрит
им вослед,
мир согревая
жарким телом.
И пробивается
листва,
рассветы дышат
полной грудью,
земли
кружится голова,
и счастливы
простые люди.

Кровозмішення
епох.
Немов сльоза,
мить покотилась,
бій барабанів,
світ оглух,
війна лукава
розлютилась.
Здається,
що життя минуло
і зупинилось,
подуріло,
ремінісценції
зола
лягла на серце
так невміло.
Та сніг
і яблуневий цвіт
летять в тумані
птахом білим,
і сонце
дивиться
їм вслід,
світ зігріває
спраглим тілом.
І пробивається
листва,
світанки
дмуть
на повні груди,
землі
чманіє голова,
й втішаються
звичайні люди.

.

29

Incest
of epochs.
A moment
rolled like a tear:
drums beat,
the world went deaf,
war is insidious,
berserk.
And it seems
that life has passed,
stopped,
grown stupid;
the ashes
of memory
lie clumsily
on the heart.
But snow
and apple blossom
fly in the fog like
a white bird,
and the sun
cares
for them,
warming the world
with its hot body.
And buds
burst,
dawns breathe,
breasts are full,
the earth
is dizzy,
delighting
simple folk.

Пора нам
победить
друг друга,
все игры
побоку теперь.
Не обойтись
войне без юга,
весна
затравлена,
как зверь.
Не мы одни,
весь мир
в засаде,
но будут убивать
сейчас,
во имя власти,
страха ради,
в назначенный
для смерти час.
Чужая боль
для них
лишь малость,
букашка,
одуванчик,
пыль.
Приказано
оставить жалость,
и пусть кричит
степной ковыль.

Настав вже час
здолати бевзня,
всі жарти
скінчені, повір.
Не обійтись
війні без півдня,
весна
зацькована,
як звір.
Не ми лише,
весь світ
в засаді,
та убиватимуть
всякчас
во ім'я влади,
задля страху,
в призначений
для смерті час.
І біль чужий
для них
дрібниця,
кульбабка,
крихта,
порохно.
Наказано
облишить
жалість,
нехай кричить
сухе кійло.

30

It's time for us
to defeat
each other;
all games
are set-aside now.
You can't do war
without the south;
spring
is hunted,
like a beast.
We are not alone,
the whole world
is ambushed,
but they will kill
now,
in the name of power,
for the sake of fear,
at the hour
appointed for death.
Someone else's pain
is for them
just a little
insect,
dandelion,
dust.
The order
is to leave pity,
and let the
steppe feather grass scream.

Прижала мать
к груди ребёнка,
не хочет верить
в этот ад.
Жизнь,
отведи её
в сторонку
на пять, на десять
лет назад.

Притисла мати
немовля до себе,
не хоче знати
пекло це.
Життя,
веди її
додому
на п'ять, на десять
літ тому.

The mother,
baby pressed to her breast,
does not want to believe
this hell.
Life,
set it
aside
five, ten
years ago.

Нежных сомнений
не сыщешь отныне,
всё кувырком
и вверх дном –
с пуповины
катится в тартарары,
в обездоленный иней,
с юга на север,
с востока на запад,
и с Буковины.
Правду измерив шагами
минут,
время в расстрелянной
красной рубашке
воздух скрывает
и прячет вину
солнца кокарды
на чёрной
фуражке.
Над головой
украинские хаты,
будто подранки
снов-облаков,
небо и степь
в бездыханной
нирване,
а на земле
надрывается боль,
обезумели танки,
слышатся взрывы,
и порох туманов
жжёт
рваные раны.

31

Сумнівів ніжних
не знайдеш віднині,
все шкереберть
і сторчма –
із пуповини
котиться казна-куди,
у знедолений іній,
з півдня на північ,
зі сходу на захід
і з Буковини.
Правду обмірявши кроками
митей,
час в розіп´ятій
червоній сорочці
повітря таїть
і ховає провину
сонця кокарди на чорнім
кашкеті.
Над головою
хати українські,
ніби підранки
снів-баранців,
небо і степ
в бездиханній
нірвані,
а на землі
розривається біль,
танки здуріли,
чуються вибухи,
порох туманів
палить
вирвані рани.

31

Tender doubts
you will not find from now on,
everything is topsy-turvy
and upside down –
from the umbilical cord
it rolls into hell,
into destitute hoarfrost,
from south to north,
from east to west
… and from Bukovina.
Measuring the truth in steps
of minutes,
time in a shot
red shirt
hides the air
and hides the guilt
of the sun cockades
on a black
cap.
Overhead,
Ukrainian huts,
like wounded animals
dream-clouds,
sky and steppe
in a breathless
nirvana,
but on the earth
pain breaks out,
tanks go crazy,
explosions are heard,
and gunpowder of fogs
burns
lacerated wounds.

Не возвращайтесь,
события горя,
стоп,
кадр чёрно-белый,
ворон в аду,
замри
в прошлой жизни
на снежном
подворье
зимы, отслужившей
войну на беду.

Не повертайтесь
горя події,
стоп,
кадр чорно-білий,
вороне в пеклі,
заклякни
в забутім житті
на сніжнім
дворищі
зими,
що відслужила
запеклу війну.

Don't come back,
events of grief,
stop,
black and white frame,
a raven in hell,
freeze
in a past life
on a snowy
farmstead of
winter that has served
a war for disaster.

Долговязый баловень
созвездий,
шлях Чумацкий
стелется вдали,
Млечный Путь,
как водится,
в отъезде,
в черной клетке,
в золотой пыли.
Вдоль окраин
вечного призыва –
хутора
неведомых планет,
ночь-вдова
склонилась, словно ива,
ждёт, когда с войны
придёт рассвет.
Стёрлись грани
беглых расстояний,
колосится время
в поле дней,
нет давно разлук,
нет расставаний.
Как забыть,
что думалось о ней?

Довгов'язий
плеканець
сузір'їв,
Шлях Чумацький
лине вдалину,
Млєчний Путь,
як зазвичай,
не вдома,
в чорній клітці,
в золотім пилу.
Вздовж околиць
вічного зазиву –
хутори
незвіданих планет,
ніч-вдова
схилилась, ніби верб'я,
жде, коли з війни
прийде досвіт.
Стерлись грані
далей-поривань,
колоситься час
у полі днин,
вже нема розлук
і розставань,
як забуть,
що думалось про них?

32

A lanky darling
of the constellations,
the Chumatsky Way*
spreads in the distance.
The Milky Way is,
as usual,
out of town,
in a black cage
in golden dust.
Along the outskirts
of the eternal call –
a farmstead
of unknown planets –
the night-widow
is bowed like a willow,
waiting for the dawn
to come from the war.
The edges of fleeting
distances have faded,
stripping the ears of time**
in the field of days.
For long, there has been
no separation, no breakups.
How can I forget
what I thought of her?

....

*   The Chumatsky Way: used for navigation by the Chumats – long-distance traders of salt, fish, grain and more – the Chumats' (or Chumatsky) Way is in Ukraine an alternative name for the Milky Way.

**   Stripping the ears of time: before the days of combine harvesters, wheat and similar grain crops were sometimes "stripped" of the ears, leaving the stalk still standing.

Загадайте
желание –
пусть приснятся
вождям
их земные
старания,
наших судеб
страдания,
стоны поля
без хлеба
и свинцовое
небо
без любви
и дождя.
Берег снов
безымянных –
жизни
тонкая нить,
смотрит
прямо с экрана
день войны
окаянный,
безоружные
танки
служат лёгкой
приманкой,
что о нас
говорит.
Снайпер спрячет
в засаде
свой
последний
привет,

Загадайте
бажання –
хай насняться
вождям
їх життєві
старання,
наших доль
мордування,
стогін поля
без хліба
і графітове
небо
без любови
й дощу.
Берег снів
безіменних –
віку
нитка тонка,
стежить
просто з екрана
день війни
окаянний,
обеззброєні
танки
є легкою
приманкою,
що ж про нас
говорить.
Снайпер скриє
в засаді
свій
останній
привіт,

33

Make a
wish –
let the leaders
dream
of their earthly
efforts,
our fates
of suffering,
the groans of the field
without bread
and the leaden
sky
without love
and rain.
The coast of
nameless dreams –
life,
a fine thread,
the cursed day
of the war
looks straight
from the screen.
Unarmed
tanks
make an easy
target;
what can we say
about us?
The sniper
will hide
in an ambush
his last
hello,

не за честь,
славы ради
ад представит
к награде.
Остановится
сердце,
ну куда
ему деться
от войны
страшных лет?

не за честь,
задля слави
пекло вдарить
в литаври.
І зупиниться
серце,
бо куди ж
йому дітись
від війни
страшних літ?

not for honour,
for glory;
hell will present
for a reward.
The heart
will stop.
Well, where
could he go
from the war
of terrible years?

Не умирай
со мной,
мой Бог,
дай солнцу
победить
ненастье,
живу уже
без рук,
без ног,
с гранатой
взорванного
счастья.
Стремительнее
смерти жизнь.
Не знаю,
как всё получилось.
Ты за меня
им расскажи
всё, что со мною
не случилось.
Мне страшно,
но я не боюсь,
я испугаться
не успел.
Я на минутку,
я вернусь,
зачем за мною
пуле гнаться.
Страшнее
взрывов тишина.

Не помирай
зі мною,
Боже,
дай сонцю
здужати
напасті,
живу я вже
без рук,
без ніг,
з набоєм
вибухлого
щастя.
Життя
поквапніше
за смерть.
Не знаю,
як же все це сталось.
Ти замість мене
розкажи
все, що зі мною
не відбулось.
Страшно мені,
та не боюсь,
іще не встиг
я налякатись,
я на хвилинку,
я вернусь,
чого за мною
кулі гнатись.
Страшніш
за вибухи
затишшя.

34

Do not die
with me,
my God,
let the sun
conquer
bad weather.
I already live
without hands,
without legs,
with a grenade
of exploded
happiness.
Life is faster
than death.
I do not know
how it happened.
Tell them,
for me,
everything that did not
happen to me.
I'm scared,
but I'm not afraid;
I did not have time
to lose courage.
I'll be back
for a minute;
why should the bullet
chase me?
Silence is more frightful
than explosions.

Вот я
в конверте
деревянном
лечу с друзьями,
я – луна,
рождённая
на небе рано.

Ось я
в конверті
дерев'янім
лечу з братами,
місяць я,
народжений
на небі раннім.

Here I am,
flying
in a wooden envelope
with friends.
I am the moon,
born early
in the sky.

KИEB

Мой город, моя первая,
последняя
прощальная любовь,
давай не замечать
друг друга,
привычных бед,
давай встречаться
за завтраком
в кафе уютном
напротив
послеобеденной
войны.
Уже гуляет Герника
по тротуарам снов
с бессмыслицей
в обнимку,
и боль, как соль,
белее правды, звучит
сердцебиеньем
по наковальне тишины.
Закончились,
оглохли песни,
над перелётной
слободой
кружится стая адресов,
куда никто
не возвратится,
и подлинники
жизни

КИЇВ

Моє місто, моя перша,
остання
прощальна любов.
Не помічаймо
одне одного,
звиклих бід,
зустрічаймося
за сніданком
у кав'ярні затишній
навпроти
пообідньої
війни.
Уже гуляє Герніка
тротуарами снів,
обійнявшись
з нісенітницею,
і біль, як сіль,
біліший від правди,
звучить
серцебиттям
по ковадлу тиші.
Скінчилися
і вглухли пісні,
над перелітною
слобідкою
кружляє зграя адрес,
куди ніхто
не повернеться,
оригінали
життя

35

KYIV

My city,
my first love,
my last love,
farewell.
Let's overlook
our usual troubles,
and meet
for breakfast
in a cosy café
vis-à-vis
the afternoon
war.
Guernica is already walking
the sidewalks of dreams,
embracing
nonsense.
And pain, like salt,
whiter than the truth,
sounds like a heartbeat
on the anvil of silence.
The songs, deafened,
are over.
A flock of addresses
swirls over
the migratory settlement;
no one
will return.
The originals

сегодня не в музеях
мира,
а здесь, на улицах
и площадях зимы.
Седеет время
на глазах,
и мы от счастья
постарели.
Зовёт на помощь
дух свободы,
и озаряет
новым светом
осколки
раненого неба.

сьогодні не в музеях
світу,
а тут, на вулицях
і майданах зими.
Час сивіє
на очах,
і ми від щастя
постаріли.
Кличе на поміч
дух свободи
і осяває
світлом новим
осколки
зраненого неба.

of life today
are not in the museums
of the world,
but here on the streets
and squares of winter.
Time turns grey
before our eyes
and we are happy
to have become old.
The spirit of freedom
calls for help,
and illuminates
fragments of
the wounded sky
with new light.

Любви
убийственное
мщенье
за лето красное
в аду,
за рабской
жизни
угощенье,
за кровь,
кричащую в чаду.
Война
участвует в погоне,
стоят колоннами
дожди,
расстрелянное
небо
стонет,
пощады от него
не жди.
За ним
второе небо,
третье,
идут
небесные полки
по землям
нашего столетья,
как братья,
а не как враги.
И туч
чернильные
посланья

36

Любови
вбивче
покарання
за літо краснеє
в аду,
за рабського
життя
вгощання,
за кров,
що квилить у чаду.
Війна
вже скаче у погоні,
стоять колонами
дощі,
підступно вбите
небо стогне,
від нього милости
не жди.
За ним йде
друге небо,
третє,
крокують горнії
полки
по землях
нашого століття,
як браття,
а не вороги.
І хмар
клубочаться
послання

36

Love is
a murderous
vengeance
for a summer red
in hell;
for the slave
life
a treat;
for the blood
screaming in a child.
War
joins the chase;
the rain
stands in columns;
the shot
sky
groans;
do not look to it
for mercy.
Behind him
the second heaven,
the third,
the heavenly regiments go
through
the lands
of our century
like brothers,
not as enemies.
And clouds of
inky
messages

за горизонт,
за край земли,
несут прощенье
за страданья
и молятся
за нас
вдали.
Всё перемелется
ветрами
на мельницах
чужих эпох.
Но всё же,
что же будет
с нами,
неужто мир
совсем оглох?

за горизонт,
за край землі,
несуть
прощення
за страждання
і моляться
за нас
вгорі.
Все перемелеться
вітрами
на жорнах
смутку та розпук.
Та все ж скажіть,
що буде
з нами,
хіба цей світ
вже зовсім вглух?

beyond the horizon,
beyond the ends of the earth
bring forgiveness
for suffering
and pray
for us
far away.
Everything will be ground
by the winds
at the mills
of foreign epochs.
But still,
what will happen
to us?
Is the world really
totally deaf?

Когда иллюзии
проходят
и солнце в профиль,
не анфас,
ищи спасения
в народе
в недобрый
для Отчизны час.
Обуглены
глаза от слёз,
невосполнима
боль потерь,
мы возмужали,
день подрос,
и сына тень
стучится в дверь.
Цветёт звездою
молочай
на подоконнике
небес,
в руках у памяти
свеча
и автомат
наперевес.
Но мир, как Феникс,
восстаёт
из пепла
варварской
войны,
рассвет гнездо
надежды вьёт
над тишиной
моей страны.

Коли ілюзії
минають
і сонце в профіль,
не анфас,
шукай спасіння
у народі
в недобрий
для Вітчизни час.
Очі обпалені
від сліз,
і невимовний
біль утрат,
змужніли ми,
і день підріс,
і сина тінь
прийшла до врат.
Цвіте, мов зірка,
молочай
на підвіконні
у небес,
в руках у пам'яти
свіча
та автомат,
щоб світ не щез.
І світ, як Фенікс,
постає
зі згарищ
лютої
війни,
світанок гнізда
віри в'є
над безголоссям
самоти.

37

When illusions
pass,
and the sun is in profile,
not full face,
seek salvation
among the people
at an unkind hour
for the Fatherland.
Eyes are charred
from tears,
the pain of loss
is irreparable;
we have matured,
the day has grown,
and the son's shadow
is knocking on the door.
Euphorbia blooms
like a star
on the windowsill
of heaven;
in the hands of memory
there is a candle
and a machinegun
at the ready.
But the world, like a Phoenix,
rises
from the ashes
of barbaric
war;
dawning hope
builds its nest
over the silence
of my country.

На отрешённый
циферблат
луны
на чёрной башне
ночи
летели ангелы
солдат
с посланием
судьбы бессрочной.
А на земле
секундной стрелкой
сердца не бились
в унисон,
и время
сгорбленной
сиделкой
лелеяло убитых сон.
Какая пропасть
между нами
разверзлась
на глазах небес,
их души
с нашими слезами
с рассветами
наперевес
летели,
отдалялись с боем
последним,
как прощальный
вздох,
как слепок ветра
под конвоем
успевшей выжить
ноты «до».

На місяця
байдужий
циферблат
на чорній вежі
ночі
летіли янголи
солдатів
з посланням
долі неурочної.
А на землі
секундна стрілка
сердець не б'ється
в унісон
і час,
мов нянька-челядинка,
оберігав убитих сон.
Яке провалля
поміж нами
розверзлось
на небес очах,
і душі їхні
з нашими сльозами
з світанками
навпереваги
летіли,
віддалялись з боєм
останнім,
як прощальний
подих,
як зліпок вітру,
під конвоєм
безутішної
ноти «до».

The soldiers'
angels
on the black tower
of night
flew to the detached
clock face
moon
with a message of
eternal fate.
And on earth
hearts did not beat
in unison
like a second hand,
and time,
a hunchbacked
nurse,
cherished the sleep of the dead.
What an abyss
opened up
between us,
before the eyes of heaven:
their souls,
with our tears,
flew
at the ready
with the dawn,
slipped away
with the last fight,
like a farewell
sigh,
like a copy of the wind
under escort of
the note "doh",
that managed to survive.

39

Война безнадёжнее
смерти.
Война доверчива
и откровенна.
Она приходит
не случайно,
и радость стонет
за кулисами побед,
и одиночество
скрывается
в гримёрке бытия.
Воспоминаний нет,
есть только боль,
и время зализывает
раны расставаний,
и остаётся стыд
и трусость
с увядшими цветами,
и ночь, где страх уже
не прячется
в твоём сердце,
а выходит наружу
и смотрит
в опустошённые глаза
твоей души.
Ты молча
оправдываешься,
идёшь по битому стеклу
дождей в тот дом,
где не живёт давно
твой друг.

39

Війна безнадійніша
за смерть.
Війна довірлива
та відверта.
Вона приходить
не випадково,
і радість стогне
за лаштунками звитяг,
і самотинність
криється
в гримерці існування.
Споминів немає,
є лише біль,
і час зализує
поранення розлук,
і зостається сором
й боягузтво
із зів'ялими квітками
і ніч, де страх
не криється
в твоєму серці,
а виходить зовні
і зазирає
у спустошені очі
твоєї душі.
Ти мовчки
виправдовуєшся,
йдеш битим склом
дощів у той дім,
де не живе давно
твій друг.

39

War is more hopeless
than death.
War is trusting
and frank.
It does not come
by chance.
Joy groans
behind the scenes of victories,
and loneliness
hides
in the dressing room of life.
There are no memories:
only pain.
Time licks
the hurt of parting,
but the shame remains,
and cowardice
with faded flowers,
and a night when fear
no longer hides
in your heart,
but comes outside
and looks
into the devastated eyes
of your soul.
You are silent,
make excuses,
walk through the broken glass
of rain to the house
where your friend for a long time
has not lived.

Военные будни,
о них разговор,
убитые судят
и смотрят в упор.
Забились рассветы
в предутренний мрак,
и нету поэта,
чтоб словом дал знак,
трубный, призывный,
как ветер-горнист,
музыкой дивной
убей, пианист.
Лики страданий,
отчаянья крик,
дней острые грани,
закатов тупик.
Гулкий, надрывный
слышится стон,
солнце с обрыва
падает в сон,
в зимнюю спячку,
эхо в слезах,
у ночи заначка
по имени страх.

40

Будні воєнні,
розмова про них,
вбиті засудять
і вимолять всіх.
Сховались світанки
у вранішній страх,
й немає поета,
щоб словом дав знак,
трубний, закличний,
як вітер-горніст,
чудовими звуками
вбий, піаністе.
Лики страждань,
відчаю гуки,
днів гостра грань,
смеркання розпука.
Надривний, гулкий
лунає прокльон,
сонце з обриву
падає в сон,
в сплячку зимову,
відлуння в сльозах,
у ночі криївка
на ймення страх.

40

In daily military life,
talking about them,
the dead judge
and look straight ahead.
Dawns remain
in predawn darkness
and there is no poet
to give a sign with a word,
trumpet, invocation,
like a wind-bugler.
Kill with marvellous music,
pianist.
The faces of suffering,
the cry of despair,
the sharp edges of days;
sunsets are a dead end.
A booming, hysterical
groan is heard;
the sun falls from a cliff
into a dream,
into winter hibernation,
echoed in tears.
The night has a hideaway
named fear.

В голосе истерзанной страны
реквием молчания звучит,
и рефреном яростной весны
тишины ручей отчаянно журчит.
Тонкой паутиной жизнь легла,
день с лихвой не зря на свете прожит,
почернело небо от войны и зла,
дождь в окопах снов солдат тревожит.
Пробуждайтесь, близится рассвет,
души ваши, устали не зная,
словно мотыльки, летят на свет,
в гости к вам из солнечного рая.

В голосі роздертої країни
реквієм мовчанкою звучить,
і рефреном лютої весни
тиші потічок в розпачі бринить.
Мовби павутинка, доля пролягла
день цей недарма на світі прожито,
почорніло небо від війни та зла,
дощ в окопах снів вояків тривожить.
Прокидайтесь, скоро день розквітне,
ваші душі виснаги не знають
й линуть, як метелики, на світло,
на гостину з сонячного раю.

41

In the voice of a tormented country
the requiem of silence sounds
the refrain of a furious spring
and a brook desperately murmurs.
Life lay down in a thin cobweb,
the day is more than lived in vain in the world,
the sky turned black from war and evil,
the rain in the trenches of dreams worries the soldiers.
Wake up, dawn approaches;
your souls, tired without knowing,
like moths, fly into the light,
to visit you from a sunny paradise.

Лишь предстоит
устам
произнести:
«Из праха в прах».
Куда ведут
твои пути,
бесплодная
Страна?
Страшнее страха
только страх.
Лети,
холодная душа,
и подсмотри,
как ангел
пишет главы
для фашизма.

Лиш мають
ще промовити
уста:
«Із праху в прах».
Куди ведуть
твої путі,
безнащадна
Вітчизно?
Страшніше страху
тільки страх.
Лети,
душе холодна,
та підглянь,
як янгол
пише глави
для фашизму.

42

Only the
mouth
is needed to pronounce:
"From ashes to ashes."
Where do
your ways lead,
barren
Country?
Only fear is more terrible
than fear.
Fly,
cold soul,
and watch
the angel
write chapters
for fascism.

43

Звёзды, тише,
ради Б-га, тише,
чёрной жизни
наступает полоса,
в небесах,
а может быть,
и выше,
детские
я слышу голоса.
Боль
бессмертна,
жалкие злодеи,
у неё теперь вы
на виду,
память
ваши души
не согреет,
и гореть вам
в адовом аду.

43

Зорі, тихо,
ради Бога, тихо,
чорного життя
смугу принесли,
в небесах,
а може, навіть
вище,
я дитячі
чую голоси.
Біль
безсмертний,
злісні лиходії,
ви тепер у нього
вороги запеклі,
пам'ять
ваші душі
не зігріє,
і горіти вам
у пекельнім пеклі.

43

Stars, hush,
for God's sake, be quiet.
A black life
comes
in the sky,
perhaps
even higher,
I hear
children's voices.
The pain
is immortal.
Pitiful villains,
now you are
in sight of it;
the memory
of your souls
will not warm,
and you will burn
in one hell of a hell.

44

Когда твои сны
за твоею спиною
пишут портреты
убитых солдат,
это беда
породнилась
с войною
под небом тяжёлым
отсроченных дат.
Воздух, как соты
расстрелянных
будней,
мёд горький,
мёд чёрный
хранит на весу,
чуть ниже
земля,
и уставшие люди
ночей поминальных
службу несут.

44

Коли твої сни
за твоєю спиною
пишуть портрети
вбитих солдатів,
знай, це біда,
що зріднилась
з війною
під небом важким
відкладених дат.
Повітря, як соти
розстріляних
буднів,
мед згірклий,
мед чорний
береже наввису,
а нижче земля,
та втомлені люди
ночей поминальних
службу несуть.

44

When your dreams
behind your back
paint portraits of
dead soldiers,
it's a disaster
intermarried
with the war,
under the heavy sky
of delayed dates.
The air is like a honeycomb
of shot
weekdays,
bitter honey,
black honey
does not add to your weight,
a little lower
the earth,
and people are tired
of the nights
of memorial services.

Пряный запах
тишины,
солнца упоение,
я живу,
но нет иных.
Жизнь,
прими прощение.
Собран памяти
букет
на полях
сражения,
и героев
наших нет.
Жизнь,
прими прощение.
И расстрелянный
солдат,
как звезды
падение,
но дороги
нет назад.
Жизнь,
прими прощение.

Пряний тиші
аромат,
сонце в чистій
просині.
я живу,
немає їх.
Життя, молю
прости мені.
Пам'яті зберу
букет
на полях
борні,
та живих
не буде їх.
Життя, молю
прости мені.
І розстріляний
солдат,
як зоря
в падінні,
та нема
путі назад.
Життя, молю
прости мені.

45

The spicy smell
of silence,
the sun's ecstasy,
I live,
but there are no others.
Life,
accept forgiveness.
A bouquet
of memory has been
gathered on the fields
of battle,
and our heroes
are gone.
Life,
accept forgiveness.
Shot
soldiers,
are like
falling stars,
but there is
no turning back.
Life,
accept forgiveness.

Раненое небо
к нам пришло
с войны,
по краюхе хлеба
маршируют сны.
Мама, я не плачу –
умирает жизнь,
будет всё иначе,
мамочка, скажи.
Горе, как молитву,
в храме повторяй,
всем сердцам
убитым
уготован рай.

Небо, мов каліка,
що прийшов з війни,
по окрайцю хліба
ходять маршем сни.
Мамо, я не плачу,
помира життя,
буде все інакше,
матінко моя.
Горе, мов молитву,
в храмі промовляй,
всім серцям убитим
визначено рай.

46

The wounded sky
came to us
from the war:
along a loaf of bread,
dreams march.
Mom, I don't cry,
life dies;
tell me everything will be
different, mommy.
Sorrow, like a prayer,
repeat in the temple:
paradise is prepared
for all the hearts
of the dead.

Край поля,
горизонта край,
край Родины
и неба рай,
стоит игрушечный
трамвай,
дождей узкоколейка
ведёт
в заброшенный
сарай,
где сапоги
и телогрейка
за Днепрогэс,
рукой подать,
и Бабий Яр,
и никуда
не денешься,
такие вот дела,
когда
серп-молот
и прогресс
труда,
когда
спалённых хат
не счесть,
когда
пожар любви
сменяет
месть,
а дальше –
дружба и война,
одна
на всех,
на наших и на тех.

Край поля,
горизонта край,
край Батьківщини
й неба рай,
стоїть, мов іграшка,
трамвай,
дощів вузькоколійка
веде
в занедбаний
сарай,
де чоботи
та тілогрійка
за Дніпрогес,
а поряд тут
і Бабин Яр,
і нікуди
подітись,
ось так,
коли серп-молот
і прогрес
труда,
коли
згорілих хат
орда,
коли вогонь
кохання
міняється
на воздаяння,
а далі –
дружба та війна,
одна на всіх,
на наших і на тих.

47

The edge of the field,
the edge of the horizon,
the edge of the Motherland
and heaven is a paradise.
There stands a toy
tram,
a rainy narrow-gauge railway
leads
to an abandoned
barn,
where boots
and padded jackets
from Dniprogaz
give a hand,
and Babi Yar,
and you can't
get anywhere.
Such is the way things are
when
the hammer and sickle
and progress of
labour,
when
burnt huts
cannot be counted,
when
the fire of love
replaces
revenge.
What next?
Friendship and war,
one
for all,
for ours and for those.

Неужто,
если есть страна,
то неизбежна
и война
как торжество
земных утех?

Невже,
якщо в нас є земля,
невідворотна
і війна,
як торжество
земних утіх?

Is it possible that
if there is a country,
then war is
inevitable
as a triumph of
earthly pleasures?

48

Я узнал по плечам
державы,
по походке
победных лет,
по морщинам
дорог кровавых
о судьбе
негодующих
бед,
о бесславных
истории пятнах,
о могилах
не братских
войны,
об усталости
необъятной
нераскаявшейся
вины.

48

Я взнав за плечами
держави,
за ходою
звитяжних літ,
за пругами
доріг кривавих
про долю
обурених
бід,
про безславні
історії плями,
про могили
не братські
війни,
про знесилення
неосяжної
нерозкаяної
вини.

48

I learnt from the shoulders
of the state,
from the gait
of victorious years,
from the wrinkles
of bloody roads,
about the fate of
indignant
troubles,
about the inglorious
stains of history,
about the graves of
non-fraternal
wars,
about the fatigue of
immense
unrepentant
guilt.

49

Война умирает
с каждым убитым.
Раненая смерть
не зовёт на помощь.
Кого звать?
Кругом одни люди.
Война, кто
тебя придумал?
Одни люди.

49

Війна помирає
з кожним убитим.
Поранена смерть
не кличе на поміч.
Кликать кого?
Навкруг самі люди.
Війно, хто
тебе вигадав?
Самі люди.

49

War dies
with every one killed.
Wounded death
does not call for help.
Whom to call?
Only people are around.
War, who
invented you?
Only people.

Ты собой рисковал
на путях боевых,
и тебя оправдают
любые суды,
но невинная кровь
на подошвах твоих
оставляет следы,
оставляет следы.

Ти під кулі ставав
на шляхах бойових,
і тебе не засудять
жодні суди,
але кров безневинна
на підошвах твоїх
залишає сліди,
залишає сліди.

50

You risked yourself
on the paths of battle
and you will be acquitted
by any court.
But the innocent blood
on your soles
leaves traces,
leaves traces.

KИЕВ

Намоленный
веками город,
земля, уставшая
от войн,
и недотрога
луна
горит свечою
поминальной
уже не первый год,
и в Храмах
поют за упокой
с хоральной
страстью
прихожане,
и над Днепром
плывёт по небу
пароход.
Ночей
мистический
приют,
органный строй
тревожных мыслей,
но наши дали,
наши выси
надежды гнёзда,
как аисты, нам вьют.

51

КИЇВ

Намолене
віками місто,
земля, що зморена
від війн,
і недоторка
місяць
горить, мов свічка
поминальна,
уже не перший рік,
і в Храмах
моляться за упокій
з хоральною
жагою
парафіяни,
і плине над Дніпром
по небу
пароплав.
Містичний
прихисток
ночей,
органний стрій
думок тривожних,
та наші далечі
і наші піднебесся
надії гнізда,
немов веселики,
нам в'ють.

KYIV

For centuries
the city prayed,
the land
tired of wars,
and the far-distant
moon
burns like a
memorial candle,
not for just one year;
in the Churches
parishioners
sing for peace
with choral
passion;
over the Dnipro
a steamer
floats across the sky.
Nights
are a
mystical shelter,
an anatomy
of disturbing thoughts,
but our distant
and highest hopes
build nests for us,
like storks.

Девочка в скромном
пальто,
красное сердце
уходит
в смерть навсегда
лишь за то,
что обрела своё
детство
в древнем народе.
Что здесь не так,
как объяснить ей
захватчиков право:
девочка,
просто ты враг
солнцу,
и ветру, и травам.

Дівча у благенькім
пальті,
серце червоне
назавжди йде в смерть
тільки за те,
що віднайшла ти
дитинство
у вікодавнім народі.
Що тут не так,
як розтлумачити їй
нового загарбника
право:
дівчинко,
просто ти ворог
сонцю,
і вітру, і травам.

52

A girl in a modest
coat,
a red heart
leaves
for death, forever,
only because,
she found her
childhood
in an ancient people.
What's wrong here,
how to explain to her
the invaders are right:
girl,
you are just an enemy –
the sun,
the wind, and the grass.

53

Сквозь закопчённое
стекло туманов
смотрю
в морщинистую
даль,
ещё не поздно,
уже не рано
читать,
как закалялась
моей страны
победной сталь.
Давно к войне готов
народ,
а с ним и воинские
части,
непокорённый
страшный год,
затмение солнца,
остров счастья.

53

Крізь безпросвітне
скло туманів
дивлюсь
у зморшкувату
даль,
не пізно ще,
уже не рано
читати нам,
як гартувалась
звитяжної
країни сталь.
Готовий до війни
народ
і разом з ним
військовики,
непереможний
рік скорбот,
схід сонця,
щастя острови.

53

Through the smoke-
fogged glass,
I look
into the furrowed
distance.
It's not too late,
It's not too early
to read
how the victorious steel
of my country
was tempered.
The people have long
been ready for war,
and with them the military
units,
the unconquered
terrible year,
the eclipse of the sun,
the island of happiness.

54

Взрывами начищены
до красна
сапоги ночей.
Галифе до самых
звёзд достают.
И топчут они жизнь,
и проходят
маршем по Украине,
и содрогается
от ужаса наша Земля,
и никак не поймут
наши души,
то ли это прошлое
проступает сквозь
настоящее,
то ли будущее
отдано на произвол
фашизму.

54

Вибухами начищені
до жару
чоботи ночей.
Галіфе до самих
зірок дістають.
І толочать вони життя,
й проходять
маршем по Україні,
і здригається
від жаху наша Земля,
і не втямлять ніяк
наші душі,
чи то минуле
просочується крізь
сьогодення,
чи майбутнє
віддали напризволяще
фашизму.

54

Explosions have polished
red
the boots of the night.
Riding breeches reach
the stars.
And they trample life
and march
across Ukraine.
Our Earth shudders
with horror,
and our souls
won't understand
whether the past
comes through
the present,
or the future
will be handed
to fascism.

Раздавали объятья.
Ветром скошенный
дождь умирал.
Осень в скромненьком
платье
листопад провожал.
Куролесило новое племя.
Комиссары любви
со стола мирозданья
собирали по крохам
звёзд беспечных тепло.
Ждали лучших времён.
Над обещанной славой
палачи ворожили.
И вставали рассветы
не с левой, а с правой –
чтобы лучше мы жили.
От счастливого детства
и кровавых знамён
нам достался
в наследство
прах забытых имён.
Этот мир-долгожитель,
автор наших измен,
предложил нам
забыть их
и за это в обмен
ворох новых событий
взял для нас
у грядущего в плен.
Мастеров
позабавились руки,
и на холст, совсем

Роздавали обійми.
Вітром скошений
дощ помирав.
Осінь в сукні
благенькій
листопад проводжав.
Нове плем'я броїло.
Комісари любови
зі столів світбудови
назбирали по крихтах
зір безжурних тепло.
Ждали кращих часів.
На обіцяній славі
кати ворожили.
І здіймались світанки
не з лівої, з правої –
аби краще ми жили.
Від щасливого мальства
до кривавих знамен
нам дістався
у спадок
прах забутих імен.
І цей світ-довгожитель,
автор наших відречень,
радив нам
їх забути
й замість них
в небуття
веремію подій
взяв для нас
у полон з майбуття.
Штукарів
розважалися руки,
і на куншт, зовсім

They gave out hugs.
Scythed by the wind,
the rain was fading.
Autumn,
modestly dressed,
saw off the fall of leaves.
A new tribe played tricks.
Commissioners of love
from the table of the universe
collected, bit by bit,
careless warmth from the stars.
Waiting for better times.
Above the promised glory
the executioners told fortunes.
And dawns rose,
not from the left, but the right –
so that we can live better.
From a happy childhood
and bloody banners,
we inherited
the ashes
of forgotten names.
This long-lived world,
the author of our betrayals,
offered us
erasure of their memory
in exchange for
a pile of new events
taken captive
from the future.
The hands of the masters
were amused,
and on the canvas, absolutely

белый от скуки,
легли краски земли,
недоступные
глазу и сердцу, –
те, что мы для себя
сохранить не смогли…
Беспризорные песни,
сутулясь,
ожидания тяжек
был гнёт,
на мгновение лишь
встрепенулись
и ушли, вряд ли кто-то
сейчас их найдёт.
Города обижали
прохожих.
Пустыри одиночества
ждали гостей.
Вороньё
доклевало удачу.
На себя не похожий,
бродил сон-ротозей.
Нарумянили
ночи разлуку,
ничего не осталось
от прожитых слов,
проходили мы
жизни уставшей науку,
наш единственный
сладкий улов.

білий з докуки,
лягли фарби землі,
недоступні
ні оку, ні серцю, –
ті, яких ми для себе
зберегти не змогли…
Безпритульні пісні
старкувато тулились,
бо чекання важким
видавалось ярмо,
на хвилину лише
стрепенулись
і пішли, вже тепер
не знайде їх ніхто.
Ображали міста
перехожих.
Пустирі самоти
виглядали гостей,
вороння
доклювало удачу.
І на себе не схожий
ходив сон-солопій.
Нарум'янили
ночі розлуку,
не зосталось нічого
від колишніх обмов,
ми нудного життя
пізнавали науку,
наш єдиний
солодкий улов.

white with boredom,
lay down the colours of the earth,
inaccessible to
the eye and heart,
those that for ourselves
we could not save…
Homeless songs,
stooping,
the expectation was
heavy oppression.
Momentarily startled,
they upped and left,
scarcely anyone
will find them now.
Cities offended
passers-by.
Wastelands of loneliness
awaited guests.
Crows
grubbed-up luck.
Not like himself,
the dozy scatterbrain wandered.
Reddened,
the nights of separation,
retained nothing
of the lived words.
We passed
a life of weary knowledge,
our only
sweet catch.

Небо стране
подавало дождями,
осень в шинели
пугала листву.
Жизнь на параде
рядом с вождями,
Красная площадь
и Кремль наяву.
Спит под ногами
музейная редкость –
Ленин уставший,
людей череда.
И если ты бросил
на память монетку,
не верь, что ты снова
вернешься сюда.
А над отчизною
строятся души,
на перекличку вышли,
постой,
не сосчитать их,
ты лучше послушай
курантов кровавых
испуганный бой.
Серый на сером.
Неужто так будет,
коварное время
стучится в висок.
Люди как люди,
всё позабудут.
Тучи тревоги
идут на восток.

Небо країні
подавало дощами,
осінь в шинелі
лякала листву.
Життя на параді
поряд з вождями,
Красна площа
та Кремль наяву.
Спить під ногами
рідкість музейна –
втомлений Ленін,
вервиця людей.
Якщо ти залишив
на пам'ять монетку,
не вір, що ти знову
ще прийдеш в музей.
Біля Вітчизни
шикуються душі
на перекличку,
стій! зажди! стій!
Їх не злічити,
ти краще послухай
курантів кривавих
наляканий бій.
Сіре на сірому.
Невже так і буде,
підступні часи
у скронях звучать.
Люди як люди,
все позабудуть.
Хмари тривоги
до сходу летять.

56

The sky gave the country
rain.
Autumn, in an overcoat,
frightened the leaves.
Life parades
past the leaders
in Red Square;
the Kremlin, in reality.
Beneath their feet sleeps
a museum rarity –
Lenin is tired by the
succession of people.
And if you throw
a coin for remembrance,
do not believe that you
will be here again.
Above the homeland
souls stand in line.
They went to the roll call,
but wait,
do not count them,
better to listen to
the bloody chimes
of frightened battle.
Grey on grey.
It will be so,
treacherous time
knocks on the temple.
People will forget everything,
as people do.
Clouds of anxiety
are heading east.

57

Не уживаются
добро и зло,
минувший день
и настоящий,
и, если тьме коварной
повезло,
идите и будите
спящих.
Поверьте,
выйдет боль
из берегов,
разбудит непокорным
стоном,
потом ударит
громом облаков,
небесным
колокольным звоном.
Волна коснётся
сёл и городов
неистовою
вольной силой.
Над прахом
сброшенных оков
душа поднимет
грех на вилы.

57

Не уживаються
добро та зло,
минувщина
та новочасність,
і якщо тьмі підступній
пощастило,
ідіть і обуджайте
сплячих.
Повірте нам,
біль вийде
з берегів,
розбудить непокірним
стогоном,
а потім вдарить
громом слів,
небесним
стоголосним дзвоном.
Здійметься хвиля
над селом і містом
нестримною
благою силою.
Над прахом
скинутих кайданів
душа підніме
гріх на вила.

57

Incompatible,
good and evil,
the past day
and the present,
and if the insidious darkness is
lucky
go and wake
the sleeping ones.
Believe me,
the pain will emerge
from the water's edge,
awake with an insubordinate
howl,
then hit the
thunder clouds,
heavenly
bells ringing.
The wave will strike
villages and cities
with furious
free force.
Above the ashes
of cast-off shackles,
the soul will raise
evil on a pitchfork.

Раскалённое
добела
предрассветной
росой озарений,
удивлённое,
полное немощи
понимания
поколений,
время
всевидящим
оком
под аплодисменты
оголтелого
зла,
красной рентой,
оброком
связующих
нитей,
под присмотром
воинственных
литер
поджигает с восходом
неприступную крепость
событий.

Розпечений
до білого
досвітньою
росою
осяянь,
здивований,
сповнений немочі
розуміння
поколінь,
час
всевидячим
оком
під оплески
знавіснілого
зла,
червоною рентою,
оброком
сполучних
ниток,
під приглядом
войовничих
літер
запалює
на світанку
неприступну фортецю
подій.

58

White hot
by the
pre-dawn
dew of insight,
surprised,
full of weakness
of understanding
of generations,
time, with an
all-seeing
eye to the
applause of
rabid
evil,
red rent,
a quit-rent of
connecting
threads,
supervised by
warlike
letters,
sets fire with sunrise
to the impregnable fortress
of events.

Ветров обугленные
стены,
весны разрушен
Карфаген,
теней погибших
манекены,
и рек разрезанные
вены
увозят память
солнца в плен.
Кто скажет,
что же будет с нами
по обе стороны луны,
уже зима
под облаками
роняет
красные следы
с кустов шиповника,
рябины,
грядут безбожные
суды,
и кажется,
что струйкой
длинной
потянутся грехи
невинных
к судьбе,
не знающей покоя,
и завянут
ночные сны
войны
на чёрном поле
смерти боя.

59

Вітрів закіптявілі
стіни,
весни розбито
Карфаген,
загиблих тіней
манекени
й річок розпанахані
вени
доправлять
пам'яті човен.
Хто відповість,
що буде з нами
обабіч Місяця, скажи,
уже зима
під небесами
зроня
черленії сліди
з кущів шипшини,
горобини,
грядуть безбожнії
суди,
й здається,
струменем
невпинним
потягнуться гріхи
невинних
до долі,
що не зна спокою,
й зав'януть
сни нічні
війни
на чорнім полі
смерті бою.

59

Winds charred
walls,
springs destroyed
Carthage,
shadows of dead
mannequins
and rivers from cut
veins
take the memory of
the sun into captivity.
Who can say
what will happen to us
on both sides of the moon?
Already winter
under the clouds
drops
red traces
from the briars and
the rowan.
Godless judgements
are coming,
and it seems
that the sins of the
innocent
will be drawn
in a long stream
to a fate
that knows no rest,
and night dreams
will wither
wars
on the black field of
a fight to death.

Над вечернею
памятью ночь,
ждёт потопа
семейство Ноаха.
Время в ступе
напрасно толочь
на руинах
империи страха.
Был приказ
во всё горло кричать
петухам,
оглашая тридцатые
в серых мундирах,
и на зоне
не спал по ночам
вертухай,
ублажая приезжих
на новых квартирах.
Беспризорная
жизнь малолеток
уходила под лёд,
но голодные сны
находили
под ёлкой конфеты
с горстью щедрой
орехов лесных.
Полстраны
в лагерях,
полстраны
на допросах,
как на льду, по стеклу
муха счастья ползёт.

Над вечірньою
пам'яттю ніч,
жде потопу
сімейство Ноаха.
Час у ступі
даремно товкти
на руїнах
імперії страху.
Був наказ,
скільки сил стане
півням горлати,
закликати тридцяті
у сірих мундирах,
і на зоні
ночами не спав
вертухай,
на нових догоджав
він приїжджим
квартирах.
Безпритульне
життя малоліток
крокувало під лід,
й сни, голодні, мов пси,
відшукали на свято
цукерки
й жменю щедру
горіхів смачних.
В таборах
пів країни,
пів країни –
на допит,
ніби льодом, по склу,
муха щастя повзе.

60

Over the evening
memory is night,
Noah's family
awaits the flood.
Time in a mortar
pounds in vain
on the ruins of the
empire of fear.
There was an order
for the roosters to scream
at the top of their lungs,
announcing the thirties
in grey uniforms,
and in the zone
the guard did not sleep at night,
appeasing visitors
to new apartments.
The homeless life
of youngsters
went under the ice,
but hungry dreams
were found
under the tree – candy,
with a generous handful
of hazelnuts.
Half the country
is in camps,
half the country
in interrogations.
As on ice,
the fly of happiness
crawls on glass.

Власть рабочих,
крестьян и немного
матросов,
и охапка дождя,
вот, пожалуй, и всё.

Влада рад,
робочих, селян,
і трохи
матросів
оберемок дощу,
ось, можливо, і все.

The power of workers,
peasants and some
sailors,
and a bunch of rain;
perhaps that's all.

Отчетливее с каждым
годом год
воспоминаний и потерь.
И страх не спит,
и точной копией тоски
стоят не скалы,
а видения кошмаров,
и дверь НКВД скрипит,
и дождь гостеприимный
стучит по черепичным
крышам так,
что разрываются виски
татар гонимых,
и нелюдимые ветра
в затылок дышат,
и топот бешеных сапог
здесь каждый житель
ночью слышит.

Виразніше
із року в рік
рік споминів
і втрат.
І страх не спить,
мов точна копія туги
стоять не скелі,
а сновиди жахів,
і двері у НКВД риплять,
і дощ гостинний
стукає по черепиці
даху так,
що розриває скроні
татар-вигнанців,
й вітри-відлюдьки
дмуть у потилицю,
і тупіт маячних чобіт
тут кожен мешканець
щоночі чує.

61

More distinct
with each year of
memories and losses.
Fear does not sleep,
and it is not rocks that are
an exact copy of longing,
but visions of nightmares.
The door of the NKVD creaks,
and the rain is hospitable,
knocking on tiled roofs
so that the temples of the
persecuted Tatars
burst,
and unsociable winds
breathe down the back of the head,
and every inhabitant
hears at night
the clatter of crazy boots.

Мы стали выше
тех времён,
где коммунальных
судеб счастье
лелеяло баланды сон
в полуиспуганном
ненастье.
Мы стали выше
тех знамён,
что были
символом штрафбата,
и мы стеснялись
похорон
ненужного стране
солдата.
Мы стали выше
тех имён,
что уезжали из России
под птичий гам,
в любви сезон,
когда дожди тоску
косили.
Мы стали выше
нацменьшинств,
их брали тёплыми
в постелях.
И мы спускались
с тех вершин,
что нас признать
не захотели.

Ми стали вище
тих часів,
де комунальних
доль заласся,
леліяло сон баланди
в напівналяканім
нещасті.
Ми стали вище
тих знамен,
що стали
символом штрафбату,
і ми встидались
поховань
вже не потрібного
солдата.
Ми стали вище
тих імен,
що полишали ту Росію
під птахів гамір,
в любості сезон,
коли дощі журбу
косили.
Ми стали вище
нацменшин,
їх брали теплими
з постелі,
ми йшли додолу
з тих вершин,
що визнати нас
не хотіли.

62

We have risen above
the times,
where the happiness
of communal destinies
nurtured sleep
in half-frightened
bad weather.
We have risen above
the banners
that were the symbol
of the penal battalion,
and we were ashamed of
the funeral of
a soldier who was
not needed by his country.
We have risen above
those names
who left Russia
under the noise of birds
in the mating season,
when the rains
scythed longing.
We have risen above
national minorities:
they were taken warm
in their beds.
And we have descended
from those peaks
that did not want
to recognise us.

63

Вот маленькая цапля,
похожая
на большого Наполеона,
а может, и не цапля,
а кто-то другой,
совсем непохожий
на Наполеона,
готовится к войне.
Всегда кто-то
готовится к войне,
которая давно прошла.
Время от времени
такое случается,
но люди,
переполненные
страхом
и наивным
представлением
о жизни,
в это почему-то
не хотят верить,
пока на экранах
не появятся
игрушечные
самолётики
и не начнут бомбить
и убивать
нас с вами.

63

Ось маленька чапля,
схожа
на великого Наполеона,
а може, й не чапля,
а хтось инший,
зовсім не схожий
на Наполеона,
готується до війни.
Завжди хтось
готується до війни,
яка давно минула.
Час від часу
таке трапляється,
та люди,
сповнені страху
та наївних
уявлень
про життя,
у це чомусь
не хочуть вірити,
допоки на екранах
не з'являться
іграшкові
літачки
і почнуть бомбити
та вбивати
нас із вами.

63

Here is a little heron
similar
to a big Napoleon.
Or maybe not a heron,
but someone else,
not at all like
Napoleon,
is preparing for war.
Always, someone
is preparing for a war
that is long gone.
From time to time,
this happens,
but people,
overwhelmed
with fear
and a naive
idea
of life,
for some reason,
do not want to believe in it,
until, on screen
appear
toy
aeroplanes,
which begin to bomb
and kill
you and me.

64

Больнее боли только
боль
гнетущих тишину
мгновений.
Душа
истерзанной страны,
скажи,
какую нам отвёл
Создатель роль
в калейдоскопе
варварских
видений?
И день как год,
и год как день,
растёт
нерукотворный
лес идей,
и белый снег
на чёрном фоне,
сверкают, ластятся
ветров ножи,
летит над родиной
зимы олень,
клубится облако
погони,
и люди на земле
среди людей,
нет, у властителей
в загоне.

64

Болючіший від болю
тільки біль,
що гнобить супокій
хвилин.
Душе
роздертої країни,
скажи,
яку Творець
відвів нам роль
у коловерті
варварських
видінь?
І день як рік,
і рік як день,
росте
нерукотворний
ліс ідей,
і білий сніг
на чорнім тлі,
блищать й голубляться
вітрів ножі,
летить
над рідним краєм
олень зими,
кужелиться туман
погоні,
і люди на землі
серед людей,
ні, у володарів
в загоні.

64

Only the moments of
oppressive silence
are more painful
than pain.
Soul of a
tormented country,
tell us,
what role has the
Creator assigned us
in the kaleidoscope
of barbaric
visions?
And the day is like a year
and the year is like a day;
the miraculous
forest of ideas
grows,
and white snow
on a black background,
the knives of the wind
sparkle,
the deer flies over the
homeland of winter,
the swirling cloud
chases,
and on earth people
are among the people;
no, the rulers are
in a corral.

65

Дай в глаза
посмотреть,
а потом уходи.
Впереди
только смерть,
кровь уже
позади.
Беззащитная
жизнь,
воздух пленный
молчит.
Ты нам
правду скажи –
кто твои
палачи.
Под прицелом
весна,
спит в патроннике
день,
смотрит ночь
из окна
на убитую тень.
Скрытых истин
пароль
с равнодушьем
знаком.
Замурована боль
в каждом
сердце людском.

65

Дай у вічі
поглянуть,
ну а потім вже йди.
Лиш попереду
смерть,
кров позаду уже.
Беззахисне
життя,
і повітря в ярмі.
Ти нам правду скажи –
хто катюги твої.
Під прицілом
весна,
спить в патроннику
день,
гляне вечір
з вікна
на скатовану тінь.
Тайних істин
пароль
безтурботний
у всьому.
Замуровано біль
в кожнім серці
людському.

65

Let me see your eyes,
look,
and then leave.
Ahead,
only death;
the blood is already
behind.
Defenceless
life,
the air is captive,
silent.
You tell us
the truth –
who are your
executioners.
Spring is at
gunpoint,
the day sleeps
in the chamber,
the night looks
from the window
at a dead shadow.
Hidden truths
password,
with indifferent
sign.
Pain is walled-up
in every
human heart.

В заброшенном
просторном небе,
в таёжных
зарослях
предчувствий,
вторгался в ночь
дождей молебен
без предисловий
и напутствий.
От боли
корчилась усталость
над отрешенной
стороной,
и жизни
прожитая малость
прощалась
с загнанной страной.
И уходила осень
в зиму,
как на войну
идёт солдат
меж пуль – они
его обнимут,
с любовью,
насмерть,
невпопад.
Так неразборчиво
убийство,
неужто жизнь –
такой пустяк?
И дети падали,
как листья,
в обугленный
войною мрак.

У занехаяному
небі,
в тайгових
заростях
передчувань
вривався в ніч
дощів молебень
без передмов
і святкувань.
Від болю
корчилася втома
понад чужою
стороною,
й життя
дещиця пережита
прощалась
з гнаною країною.
І крокувала осінь
в зиму,
як на війну
іде солдат,
між куль – вони
його обіймуть,
з любов'ю,
на смерть,
так не в лад.
Таке невередливе
вбивство.
Невже життя
не знать йому?
І діти падали,
мов листя,
в обпалену
війною тьму.

66

In the abandoned
spacious sky,
in the taiga
thickets of
forebodings,
a prayer service
invaded the rainy night
without preface
or parting words.
Fatigue writhed
in pain
over the detached
side,
and a brief
life
said goodbye
to the driven country.
Autumn is gone
into winter,
as a soldier
goes to war
between bullets – they
hug him,
with misplaced
love,
to death.
Murder is
so illegible;
is life really
such a trifle?
And the children fell
like leaves,
into the charred
darkness of war.

МаршBy

67

Марширует
дождь строем
по земле
без преград,
ветер
служит конвоем,
небо в тучах
заплат.
За колючими
снами
поросло
всё бедой.
Вот с такими
дарами
и с такою судьбой
родословная
жизни
прячет
волчий билет,
но поверь,
даст Отчизна
материнский совет.
Край хлебов,
поля край,
дети, пойте,
но знайте –
на земле
только Родина
рай,
не её, вы себя
испытайте.

67

Дощ іде
в однострої
по землі
без завад,
вітер
служить конвоєм,
небо
в хмарах-латках.
За колючими
снами
поросло
все бідою.
Ось з такими
дарами
і з такою судьбою
древо роду
життя
скриє
вовчий білет,
та повір,
рідний край
дасть тобі
заповіт.
Край хлібів,
поля край,
діти,
нумо співати,
ви знайте –
на землі
лиш Вітчизна
є рай,
не її, ви себе
поспитайте.

67

Rain
marches
in formation
across the land
without barriers,
the wind
serves as a convoy,
a cloudy sky is patchy.
Behind the prickly dreams,
everything has
overgrown
into grief.
Here with such
gifts,
and with such a fate,
the pedigree
of life
hides
a wolf ticket;
but believe,
the Motherland will give
maternal advice.
The land of bread,
the land of the field –
children, sing!
But know,
on the ground
only the Motherland
is paradise.
You must prove yourself,
not her.

А люди шли,
расправив плечи.
Как боль души
в народе
заглушить?
Кому-то надо
быть
предтечей,
вплетая в жизнь
связующую нить
добра и го́лоса
надежды
и обожжённой веры
на крови.
Так будет,
и так было прежде,
таков закон
несломленной
любви.
Не люди просят
о защите,
а город заклинает
пощадить,
но слышится
с высот – идите! –
свободы дух
нельзя остановить.
Качнётся
маятник победы
над ёлкой
новогоднею
страны,

А люди йшли
та розправляли плечі.
Як біль душі
в народі
заглушити?
Хтось має
бути
як предтеча
й вплести в життя
єднання нитки
добра і голосу
надії
й зітлілої
на крові віри.
Так буде,
так було раніше,
такий закон
незламної
довіри.
Не люди просять
захистити,
а місто
заклинає
ощадить,
та чується
з висот – ідіть! –
свободи дух
не можна зупинити.
Хитнеться
маятник звитяги
над новорічною
ялинкою
землі,

68

The people walked
with their shoulders straight.
How to drown
the pain
in their soul?
Someone needs
to be
the forerunner,
weaving into life
the binding thread
of goodness and the voice
of hope –
and faith burned
in the blood.
So it will be
and so it was;
such is the law of
unbroken
love.
No-one demands
protection,
but the city conjures
mercy,
and heard
from the heights – go! –
the spirit of freedom
cannot be stopped.
The pendulum
of victory will swing
over the fir-tree of the
New Year
country,

и растревоженные
беды
уйдут,
как прожитые сны.

а роздратовані
тривоги
пройдуть,
немов незвідані
жалі.

and distressing
troubles
will leave
like lived dreams.

Давайте спишем
всё на жизнь,
на сон
и преданность
забвенью,
служивые слова
во лжи
полны
призывами
к терпенью.
А дальше –
крик войны
и боль,
неотвратимые,
как солнце,
земной
последней правды
соль
растаяла
в ночном колодце.
Звёзд
ненасытных
конфетти –
гримаса траурного
счастья,
лети,
душа страны,
лети
с надеждой,
у любви во власти.

Спишімо все це
на життя,
на сон,
на відданість
сумлінню,
слова служиві
у брехні
нас закликають
до терпіння.
А далі –
крик війни
та біль,
невідворотні,
як зірниці,
і ось
земної правди
сіль
розтанула
в нічній криниці.
Зірок
захланних
конфеті –
гримаса траурного
щастя,
душе моєї сторони,
лети в надії
на пришестя.

69

Let's write off
everything for life,
for sleep,
and devotion
to oblivion;
words in the service
of lies
are full of
appeals
for patience.
What next –
the cry of war
and pain,
inevitable,
like the sun,
the earth's
last truth;
salt
dissolved
in the night well.
Stars
of insatiable
confetti –
a grimace of mourning
happiness,
fly,
soul of the country,
fly
with hope,
love has power.

Звучат
аккорды седины,
рассвета клавиши
все в белом,
и дождь,
как призрак тишины,
проходит
по судьбе несмело.

Звучать
акорди сивини,
світанку клавіші
всі в білому,
і дощ –
примара тишини
проходить
долею несміло.

Sound,
grey hair chords;
the dawn keys
are all white,
and the rain,
like a ghost of silence,
passes
ill-advised by fate.

От боли
корчится зима,
на белом
красные следы,
и обезглавленная
тьма
приносит
чёрные цветы.
Замёрзли
слёзы на бегу,
на помощь
матерей зовут,
сгорают
тени на снегу
под барабанный
бой
минут.
В убитые глаза
смотри,
ты в них ещё вчера
стрелял,
пока улыбку
он дарил
и ангелов
небесных звал.
Взойдут
и солнце, и луна,
от пуль
его уберегут,
но не придёт
к нему весна,
останется
пред ним в долгу.

Від болю
корчиться зима,
на білому
криваві мітки,
й обезголовлена
пітьма
приносить
почорнілу квітку.
Замерзли
сльози на бігу,
на поміч
звуть Зорю Полин,
згорають
тіні на снігу
під барабанний бій
хвилин.
У вбиті очі
подивися,
ще вчора ти у них
стріляв,
поки він
усміхом ділився
та ангелів
небесних звав.
І сонце зійде,
і зоря,
його від кулі
вбережуть,
до нього
не прийде весна,
навік зостанеться
в боргу.

70

From pain,
winter writhes;
on white, there are
red footprints;
and headless
darkness
brings
black flowers.
Tears freeze
as they run;
mothers are called
for help;
shadows burn
in the snow
to the drumbeat
of the minutes
of battle.
Look into
the dead eyes;
yesterday, you
shot at them,
while he
smiled
and called
heavenly angels.
The sun and moon
will rise,
and from bullets
will save him;
spring will remain
in his debt,
but to him
it will not come.

Мы начинаем жить
в начале жизни,
по утомлённым
улицам ходить,
мы остаёмся в памяти
Отчизны
желаньем верить
и мечту любить.
Мы просим мира,
и добра, и счастья,
соседей просим
нам не помогать,
с таким
пренебрежительным
участьем
нам суждено
безропотно страдать.
Вы тоже обретёте
силу духа,
свободы небо
над землёй одно,
ну разве нам
нужна в душе разруха,
я думаю,
мы в этом заодно.
Тревожный город
снова станет домом,
знакомым,
нежным,
тихим и родным,
без варваров,
без их ночных
погромов,

Ми починаємо життя
з початку жити
та втомленими
вулицями йти,
ми лишимося в пам'яті
Вітчизни
з бажанням вірити
та мрії досягти.
Ми миру просимо,
добра та щастя,
сусідів просимо
не помагати,
з таким
пихатим
співчуванням
судилося
в покорі нам страждати.
Ви теж здобудете
могутність духу,
свободи небо
на усіх одне,
чи треба сіяти
в душі розруху,
я думаю,
ми в цьому заодно.
Тривожне місто
знову стане домом,
знайомим,
ніжним,
тихим і близьким,
без варварів,
страшних нічних
погромів,

We start to live
at the beginning of life;
we walk
the weary streets,
remaining in the memory
of the Motherland
with a desire to believe
and a dream of love.
We ask for peace,
kindness and happiness;
we ask our neighbours
not to help us,
and with such a
disdainful
partnership
we are destined
to suffer without complaint.
You too will gain
strength of mind;
there is only one sky
above the earth.
Do we really need
devastation in our souls?
I think
we are in this together.
The restless city
will become home again;
familiar,
gentle,
quiet and dear –
without barbarians,
without their nightly
pogroms,

когда уйдёт сомнений
чёрный дым.
Простим, оставим
злобные забавы,
согреем словом
воинство зимы,
перевернём
страницу
горькой славы
и побеждённых
выведем из тьмы.

коли мине вагання
чорний дим.
Облишимо
безжалісні забави,
зігрієм словом
воїнство зими,
перевернем
сторінку
злої слави
і переможених
проводимо з пітьми.

when the black smoke
of doubt is gone.
Let us leave
evil amusements;
let us warm, with a word,
the army of winter;
let us turn
the page
of bitter glory
and lead the vanquished
out of darkness.

Голосовые
связки лета,
не братский
тон, купель
навета,
и звёзд
горящих
моветон.
Планета,
ты чья?
Смешно до
слёз,
и вечности
сгорает
сигарета
кометой
птичьих стай,
и горизонта
край,
вернувшись
с фронта,
забыл, где
ад, где рай,
и песен
раненая рота,
и день невесел,
идёт дождей
ночных пехота
по жизни,
по земле
отчизны,
идёт во мгле
капризной.

Голосова
щілина літа,
не братній
тон, купіль
намов,
зірок
огненний
моветон.
Плането,
ти чия?
Аж сміх
бере,
й цигарка
вічності
згоряє,
мов комета
пташиних зграй,
і горизонта край,
що повернувся
з фронту,
забув, де
пекло, а де рай,
пісень
понівечена рота,
і день смутний,
дрібних дощів
нічних піхота
йде по життю,
землі вітчизни,
іде в імлі
примхливій.

72

The vocal cords
of summer,
not a brotherly
tone, a baptistry
of slander,
and of stars
burning
bad manners.
Planet,
whose are you?
We laugh ourselves
to tears,
and eternity
burns down
a cigarette
like a comet
of flocking birds,
and the horizon
edge,
returning
from the front,
forgot where
hell is, where heaven is,
and the songs
of the wounded company,
and the day is gloomy,
it rains each
night infantry
for life
throughout the
homeland,
walking in the
capricious dark.

Что будет
позже
или дальше?
Мороз
по коже.

Що буде
нині
чи надалі?
Мороз
по спині.

What will happen
next
or later?
Frost
on the skin.

Привыкаем
к войне,
привыкаем,
забываем
страдать,
забываем,
умираем
не мы,
и, не ведая
страха,
ветра на баяне
дарят реквием
Баха
стране
утром ранним,
и растут,
прорастают
из тьмы
равнодушные
горожане.

Ми звикаємо
до війни,
ми звикаємо,
забуваємо
про страждання,
забуваємо,
помираєм
не ми,
і, не знаючи
страху,
на баяні вітри
грають реквієм
Баха
краю рідному
ранком рахманним
і ростуть,
проростають
з пітьми
збайдужіло-черстві
громадяни.

73

We get accustomed
to war,
we get used to it.
We forget
to suffer,
we forget
it's not
we who die.
Knowing
no fear,
the breeze carries
to the country,
early in the morning,
a Bach requiem
played
on an accordion,
and indifferent townsfolk
grow,
sprout
from the darkness.

Не верю,
что вы пали
духом,
жизнь пролетела,
не прошла,
земля и небо
стали пухом,
развеялась ночная
мгла.
Нет больше
взлётной полосы,
посадочная
смотрит в небо,
и ангельская
соль росы
отныне будет
вашим хлебом.
А на земле
как на земле –
война,
рассветы и закаты,
и в огненном цвету,
в котле,
минут убийственных
солдаты.
У времени
нет больше сил
тянуть потерь
тяжёлый воз
и мимо проходит
могил
без сожаления и слёз.

Не вірю,
що ви занепали
духом,
життя гайнуло,
не пройшло,
земля і небо
стали пухом,
розвіялося
ночі тло.
Немає
злітної вже смуги,
а посадкова
прагне в небо,
й благочестива
сіль роси
віднині буде
вашим хлібом.
А на землі –
як на землі –
війна,
смеркання і світанки,
в цвіті вогненному,
в котлі,
хвилин убивчих
вояки.
Не стало
в часу
більше сил
тягнути втрат
важезний віз
і простувати повз
могил
без співчування
і без сліз.

74

I do not believe,
that you lost
heart,
life has flown by,
did not pass,
earth and sky
have become fluff,
the night haze
is dispersed.
There is
no more runway,
the landing strip
looks to the sky,
and from now on
the angelic
dew salt will
be your bread.
And on earth
– as on earth –
war,
sunrises and sunsets,
and in a fiery colour,
in the cauldron,
murderous minutes
of soldiers.
Time no longer
has the strength
to pull the losses
of a heavy cart
and pass the
graves
without regret or tears.

Нам о войне
ещё расскажет
свинцовых туч
бронежилет
и на востоке
смерть покажет,
и чёрным станет
белый свет.
Но а пока война
возводит
на пепелище
красный дом,
подходят люди,
и подходят,
и ангел машет им
крылом.
Какая
мстительная
роскошь
потери ждать
и бить в набат,
и в небе
на лугах
нескошенных
считать
расстрелянных
солдат.

Нам про війну
тепер розкаже
свинцевих хмар
бронежилет,
й на сході поле
смертю вбране,
і чорним тут
зненацька стане
світанку білого
намет.
А поки що
війна будує
на згарищі
червоний дім,
підходять люди
і підходять,
й крилом
махає янгол їм.
Яка злопам'ятлива
розкіш
чекати втрат
під звук набату,
і в небі
на лугах
некошених
лічить
розстріляних
солдатів.

75

The bulletproof vest
speaks to us
of the war
of lead clouds,
and in the east
death shows
and the white light
turns black.
Meanwhile,
the war builds
a red house
on the ashes,
people
draw near,
and an angel
flexes its wings.
What a
vengeful
luxury
of loss to wait
and sound the alarm,
and in the sky,
in the unmown
meadows,
count
the dead
soldiers.

Страшится небо
собирать
осколки прожитых
мгновений
и просит в солнце
не стрелять
ни летним днём,
ни днём осенним.
Ад на земле –
не ад в аду,
здесь тело,
там душа в угаре,
и дьявол
не сочтёт за труд
в набат людских
грехов ударить.
И будут
молния и гром
метать возмездье
за возмездьем,
и дождь пройдёт
с пустым ведром
перед молящимся
созвездьем.
Потом разверзнется
земля,
как в дни
восстания Кораха,
и голос с неба
молвит: зря
вы жили
без любви и страха!

Страшиться небо
визбирать
осколки
вже пережитих
митей-тіней
і просить в сонце
не стріляти
ні в літній день,
ні в день осінній.
А пекло тут –
не пекло в пеклі,
тут тіло,
там душа,
що марить,
й дияволу
зовсім не важко
в набат людських
гріхів ударить.
І будуть
блискавки та громи
слати відплату
за відплатою,
і дощ пройде
порожняком
під молитовною
Плеядою.
Відтак розверзнеться
земля,
як в дні
супротиву Кораха,
і голос з неба
скаже: марно
ви жили
без любови й страху!

The sky fears
to collect the
fragments of lived
moments,
and asks: do not
shoot at the sun
on a summer day,
or on an autumn day.
Hell on earth is not
hell in hell.
Here is the body,
there is a soul in torment,
and the devil
does not count it work,
when the alarm bell sounds,
to strike human sins.
There will be
lightning and thunder
to hurl retribution
after retribution,
and the rain will pass
with an empty bucket
in front of the praying
constellation.
Then the earth
will open,
as in the days of
the Korach uprising,*
and a voice from heaven
will say – to no purpose,
you lived
without love and fear!

---

* When the Children of Israel were in the wilderness between Egypt and the Promised Land, Korah (Korach) led a rebellion against Moses and his brother Aaron, who were his first cousins. He said they had taken too much authority on themselves and that many of their directives were not of God. As punishment, Korah and his followers were miraculously swallowed-up by the earth. The story is told in the Book of Numbers, chapter 16.

Зимнее пастбище
моря –
альпийских лугов
новобранцы,
волны
барашками спорят
с ветром
в отчаянном танце.
В непостижимости
хрупкой
полощутся
белые флаги,
как Новому году
уступка
на гребне безумной
отваги.
Полчища,
снежные воины,
спасают
уставшую родину,
посмертно
они удостоены
народной любви,
и, вроде бы,
каждый звездою
отмечен.
Иначе зачем
это небо,
зачем этот груз
на плечи
с чёрной
слезою хлеба?

Пасовисько зимове
моря –
альпійських лугів
новобранці,
перечаться хвилі
з вітрами
у відчайдушному танці.
У незбагненності
кволій
полощуться
білі стяги,
як року новому
уступка
на гребені мрій
і відваги.
Полчища,
сніжисті воїни,
рятують
вітчизну зморену,
посмертно
вони нагороджені
любов'ю народу,
і нібито
кожен з медаллю
на френчі.
Інакше, для чого
це небо,
навіщо вантаж
на плечі
з гіркою
сльозою хліба.

Winter pasture
of the sea –
recruits of
alpine meadows,
waves
like lambs argue
with the wind
in a desperate dance.
In fragile
incomprehensibility,
white flags
flutter,
like a concession
to New Year
on the crest of insane
courage.
Hordes,
snow warriors,
save
a tired homeland.
Posthumously,
they are awarded
people's love,
and, it seems,
each one
is marked with a star.
Otherwise,
why this sky,
why this burden
on the shoulders
with a black
tear of bread?

Куда уже ближе,
и дальше некуда.
Видишь,
война мотыжит
тревожных событий
рекрутов.
Когда этот бал
закончится
с красным
подбоем вен
и радость –
мечта-заочница –
тревоги
захватит в плен?
А там –
как получится,
как карта ляжет
на стол,
как солнце
за нас поручится,
как ветер
вильнёт хвостом.
Природа,
она коварная.
Да брось ты,
с чего ты взял,
жизнь – станция
не товарная,
а вечных страстей
вокзал.

Куди вже ближче,
й далі нікуди.
Бачиш,
війна просапує
тривожні події
рекрутів.
Коли цей бал
скінчиться
з червоною
спідкою вен
і радість –
мрія-заочниця –
тривоги
захопить в бран.
А там –
як вже вийде,
як карта ляже
на стіл,
як сонце
за нас ручиться,
як вітер
війне довкіл.
Природа,
вона підступна.
Та годі вже,
з чого доп'яв –
життя – це станція
не товарна,
а вічних страстей
вокзал.

78

Much closer,
and nowhere further.
You see,
the war hoes
the disturbing events
of the recruits.
When will this ball
end
with red
lining of veins
and joy –
will the dream companion,
anxiety,
capture you?
But then –
We'll see how it goes,
how the cards fall
on the table,
how the sun
will vouch for us
how the wind
will wag its tail.
Nature,
she is crafty.
Come on,
why do you think so?
Life is not a
goods station,
but a main terminal
of eternal passions.

Я ещё
не захвачен
в плен снами,
лишь прочёл
до конца
герб совы.
Гимн сыграли
оркестры
ветрами
в гимнастёрках
бессонной
листвы.
Нервно совесть
сказала мне:
ну же,
собирайся,
иди на войну,
видишь,
ворон
отчаянно кружит,
я боюсь за себя
и страну.
И ползёт тишина
черепахой,
сапогами ночей
топчет веру травы,
птицы
гнёзда вьют
в небе от страха,
и закат роет
красные рвы.

Я в полон
не захоплений
снами,
лише прочитав
до кінця
герб сови.
Гімн відіграли
оркестри
вітрами
у гімнастерках
нової
листви.
Нервово сумління
мені проказало:
нумо,
збирайся,
йди на війну,
бачиш,
ворон
одчайно кружляє,
я боюся за себе
й країну свою.
І тиша повзе,
немов черепаха,
ночей чобітьми
топче віру трави,
птаство
в'є гнізда
в небі від страху,
й сутінки риють
криваві рови.

I still
have not
been captured by dreams.
I have only read
the coat of arms
of the owl to the end.
The anthem was played
by orchestras
of the winds
clothed in
sleepless
foliage.
Nervously, my conscience
told me:
come on,
get ready,
go to war,
you see
the raven
is circling desperately.
I'm afraid for myself
and the country.
The silence plods
like a turtle;
the boots of the night
trample the faith of the grass;
birds
build nests
in the sky with fear;
and the sunset digs
red ditches.

Разминуться бы
с временем,
болью,
но сошлись
все дороги в одну,
и слетелись дожди,
и закрыли собою
долгожданную
сердца весну.

Розминутися б
з часом
і з болем,
та зійшлись
всі дороги в одну,
позлітались дощі
та закрили собою
так жадану
для серця весну.

To pass
time,
pain,
but
all roads are one,
and the rains fell,
covering the
long-awaited
spring of the heart.

Пообносились
ценности Европы.
Пообносились.
Осенней правды
надела ты наряд
и не по росту,
и некстати
в последний день
весенний тишины.
Ты руки
протяни к себе,
они дрожат,
ты испугалась,
тебе страшно,
и ты забилась
в дальний угол,
и слёзы жизни
дождями покатились
по сытому лицу
твоих сограждан
обрусевших.
На родину земли
приходит
варварское время,
заходит в дом без стука,
без приглашения
за стол садится
и диктует твои слова
другим народам,
такие же смешные,
как неуклюжие
призывы
последних лет.

80

Зносились
цінності Європи.
Зносилися.
Правди осінньої
ти вбрання одягла
і не на зріст,
й не до ладу
у день останній
весняної тиші.
Ти руки
простягни до себе,
вони тремтять,
ти нажахалась,
тобі лячно,
ти зачаїлась
в дальньому кутку,
й сльози життя
дощами котяться
по ситому обличчю
твоїх зросійщених
співгромадян.
На рідну землю
приходить
варварська доба,
заходить в дім без стуку,
без запрошень,
сідає до столу,
твої слова диктує
народам іншим,
такі самі кумедні,
як недоладні
гасла
останніх літ.

80

Worn out.
The values of Europe
were worn out.
You put on an outfit
of autumn truth,
ill-fitting,
and wrong in style
for the last day
of spring silence.
You stretched out
your hands:
they trembled.
You were frightened,
you were scared,
you hid
in a far corner,
and the tears of life
rained down
on the well-fed face
of your Russified
fellow citizens.
A time of barbarism
comes to our homeland,
enters the house
without knocking,
without invitation
sits down at the table,
and dictates your words
to other nations,
just as ridiculous
as the clumsy
exhortations
of recent years.

Со всех сторон
истерзанной
страны,
как наваждение,
чужие слышу
голоса:
«Мы разные,
Восток –
не Запад,
Юг –
не Восток».
Ну что ж, давайте
на части разрежем
наши
слёзы,
а заодно
и наши
сёла,
и наши
города.
Неужто нас может
только
боль
объединить?

З усіх усюд
страдженної
країни,
як наслання,
чужі
я чую голоси:
«Ми різні,
Схід –
не Захід,
а Південь
не є Сходом».
То, може,
на частки розкраймо
наші
сльози,
а заодно
і села
наші,
і міста?
Невже
лиш
біль
нас може
об'єднати?

81

From all sides
of the tormented
country,
like an obsession,
I hear stranger's
voices:
"We are different,
the East
is not the West,
the South
is not the East."
So, let us
cut our
tears
into pieces,
and at the same time
our
villages,
and
cities.
Can
only
pain
unite us?

Раскулачили память
соблазнов,
ларь небес
оказался пустым,
так давай говорить
о разном,
век, увы,
прожил жизнь
холостым.
Наше время не будет
прекрасным,
вдохновенным,
загадочным,
что ж,
оно будет
предательски
красным,
и ласкать станет нас
его ложь.

Розкуркулили пам'ять
принад,
скриня неба
порожньо-щербата,
говорімо про щось
невлад,
вік ходив
все життя
нежонатий.
Наш час
вже не буде
прекрасним,
загадковим,
натхненним,
а схоже,
він буде
підступно
кривавим
й плекатиме нас
його лжа.

82

The memory of temptations
was dispossessed.
Heaven's chest
was shown to be empty.
So let us speak of
different things.
A century, alas,
lived a single
life.
Our time will not be
wonderful,
inspired,
or mysterious.
It will be
treacherously
red,
and
its lies
will caress us.

83

Когда закончится война
и сны лелеками вернутся,
в дом постучит седая тишина
и скажет: от войны пора
проснуться.

А дом – всего одна стена,
сирень, распятая врагами.
Какая страшная весна
случилась с нами!

Старушка мать среди руин
взывает к Б-гу, Он не слышит,
свечи стекает стеарин,
и ветер бледный еле дышит.

Как одолеть страданий путь,
как жизнь вдохнуть в немое
слово,
как радость тишине вернуть,
как жизни обрести основу?

83

Коли закінчиться війна
і сни лелеками вернуться,
у хату стукне сива тишина
і тихо скаже: від війни
вже час давно збудиться.

А дім – сама лише стіна,
й бузок, розп'ятий ворогами.
Яка небачена весна
цьогоріч трапилася з нами!

Старенька мати посеред руїн
благає Бога, Він її не чує,
повільно свічки плине стеарин,
і блідий вітер тут заледве дує.

Як здужати страшних тортурів путь,
життя вдихнути в безголосе слово.
Як знову радість тиші повернуть,
життю знайти нову основу?

83

When the war is over
and dreams return like storks,
grey-haired silence will knock on the house
and say – the time has come to wake up from the war.

And the house is just one wall,
lilac crucified by enemies.
What a terrible spring
happened to us.

Old mother among the ruins
calls to God. He does not hear,
wax drips from candles,
and the pale wind barely breathes.

How to overcome suffering,
how to breathe a mute word into life,
how to return joy to silence,
how to find the basis of life?

84

Я слышал слова
Пророка,
я видел слепок
слов,
слетевших, Ангел,
с твоих губ
по воле Самого
Творца,
и песнь твоя,
Ангел,
была не нова:
«Суждено вам
биться
до победного
конца,
и око за око,
и зуб за зуб».

84

Я чув слова
Пророка,
я бачив зліпок
слів,
які зринали
з уст твоїх,
о Янголе,
за волею
Творця,
і пісня, Янголе,
твоя
вже не була
нова:
«Судилось вам
боротись до загину,
до переможного
кінця,
за око – враже око,
зуб за зуб».

84

I heard the words of the
Prophet.
I saw a cast of the
words,
that flew, Angel,
from your lips
by the will of the Creator
Himself,
and your song,
Angel,
was not new:
"You are destined to
fight
to the bitter
end –
eye for eye,
tooth for tooth."

ДОРОГА

Мама, твои глаза
обуглены от слёз,
они сродни
руинам
жизненного света,
и кровоточат
твои раны,
когда босыми
слабыми ногами
идёшь ты
за горизонт
по битому стеклу
рассвета,
по полю,
по стерне.
Ещё до сына
далеко,
он спит в другом
краю
бессмертным
одиноким сном
и ждёт, когда его
обнимешь ты
своими тёплыми
руками.

85

ДОРОГА

Мамо, очі твої
обпалені слізьми,
вони, немов
руїни
живого світла,
й спливають кров'ю
твої рани,
коли слабкими
босими ногами
ти йдеш
до небокраю
битим склом
світання,
по полю,
по стерні.
До сина ще
далеко,
він спить у іншім
краї
безсмертним
самотинним сном
і жде, коли його
обіймеш ти
своїми теплими
руками.

85

ROAD

Mama, your eyes
are charred with tears,
they are akin
to the ruins
of life's light,
and your wounds
bleed when
you walk barefoot
on weak legs
beyond
the horizon,
on the broken glass
of dawn,
across the field
of stubble.
Even before the son
is far away,
he sleeps in another
land with an
immortal
lonely dream
and is waiting for you
to hug him
with your
warm hands.

86

БЕЗДНА

Разрушены мосты
мечты,
войны отравленное
зелье –
страны моей
насилие
мы пьём из ада
изобилия
и в закрома
бескрайнего
страдания
невольно,
невзначай
кладём надежд
бессмертные
цветы.

БЕЗОДНЯ

Зруйновано мрій
мости,
війни отруйне
зілля –
моєї країни
насилля
п'ємо ми з пекла
достатку
і в засіки
безкрайньої
муки
мимоволі,
зненацька
кладемо надій
безсмертне
квіття.

86

ABYSS

The bridges of dreams
are destroyed,
wars are a poisoned
potion –
in my country
we drink violence
from the hell of
abundance
and in the bins
of boundless
suffering,
we, by chance,
involuntarily put
immortal
flowers
of hope.

87

ПОСЛЕ ВОЙНЫ

Влюблённые пары
прогуливаются
по набережной
Вечности.
А я-то думал,
их поселят
по разным жизням
Тишины.

ПІСЛЯ ВІЙНИ

Закохані пари
прогулюються
набережною
Вічности.
А я ж бо думав,
їх оселять
у різних життях
Тишини.

214

ALEXANDER KOROTKO

87

AFTER THE WAR

Couples in love
stroll on
the waterfront of
Eternity.
And, I thought,
they will be settled
in different lives of
Silence.

РОДИНА

Пуповина любви –
украинское поле,
просторное и широкое,
как душа лета,
с золотой дрожью
пшеницы.
Над полем колышется
ночь,
а в небе комариными
укусами звёзд
мерцает прохлада,
и так легко дышится,
что кажется,
ещё мгновение –
и расстелет Чумацкий
Шлях
мамин рушник
с волшебными дарами
сердцебиений.

88

КОЛИСКА

Пуповина любови –
українське поле,
неозоре та широке,
як душа літа,
з золотим тремтінням
пшениці.
Над полем заколисується
ніч,
а в небі спалахами зоряниць
мерехтить прохолода,
й так легко дихається,
що здається,
ще мить –
і простелить Чумацький
Шлях
мамин рушник
з чародійними дарунками
серцебиттів.

88

MOTHERLAND

The umbilical cord of love
is a Ukrainian field,
spacious and wide,
like the soul of summer
with a golden shimmer
of wheat.
The night swings
over the field,
and in the sky
the mosquito-bite stars
shimmer cold,
and breathing is so easy,
it seems that,
in one more moment,
the Chumatsky Way*
will spread
mother's towel
with magical gifts of
heartbeats.

....

* The Milky Way. See note to poem 32.

ABOUT THE TRANSLATORS

For this three-language edition of *War Poems*, the English language translation is by **Andrew Sheppard**, the editor of *East–West Review*, the journal of the Great Britain-Russia Society. He has travelled widely in Ukraine during an association with the country extending back to 1997.

The Ukrainian translation is by **Olha Ilchuk.** Born in Vinnytsia, Ukraine, she received her philological education in that city, moving on to Kyiv to study law. She has successfully practiced law for more than 20 years. She describes translation into Ukrainian of Alexander Korotko's poetry and prose as "her passion".

ABSOLUTE ZERO

by Artem Chekh

The book is a first person account of a soldier's journey, and is based on Artem Chekh's diary that he wrote while and after his service in the war in Donbas. One of the most important messages the book conveys is that war means pain. Chekh is not showing the reader any heroic combat, focusing instead on the quiet, mundane, and harsh soldier's life. Chekh masterfully selects the most poignant details of this kind of life.

Artem Chekh (1985) is a contemporary Ukrainian writer, author of more than ten books of fiction and essays. *Absolute Zero* (2017), an account of Chekh's service in the army in the war in Donbas, is one of his latest books, for which he became a recipient of several prestigious awards in Ukraine, such as the Joseph Conrad Prize (2019), the Gogol Prize (2018), the Voyin Svitla (2018), and the Litaktsent Prize (2017). This is his first book-length translation into English.

Buy it > www.glagoslav.com

The Complete
KOBZAR
by Taras Shevchenko

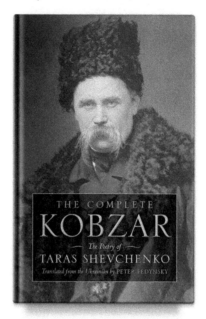

Masterfully fulfilled by Peter Fedynsky, Voice of America journalist and expert on Ukrainian studies, this first ever English translation of the complete *Kobzar* brings out Ukraine's rich cultural heritage.

As a foundational text, The *Kobzar* has played an important role in galvanizing the Ukrainian identity and in the development of Ukraine's written language and Ukrainian literature. The first editions had been censored by the Russian czar, but the book still made an enduring impact on Ukrainian culture. There is no reliable count of how many editions of the book have been published, but an official estimate made in 1976 put the figure in Ukraine at 110 during the Soviet period alone. That figure does not include Kobzars released before and after both in Ukraine and abroad. A multitude of translations of Shevchenko's verse into Slavic, Germanic and Romance languages, as well as Chinese, Japanese, Bengali, and many others attest to his impact on world culture as well.

Buy it > www.glagoslav.com

THE VILLAGE TEACHER AND OTHER STORIES

by Theodore Odrach

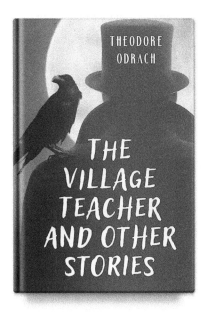

The twenty-two stories in this collection, set mostly in Eastern Europe during World War Two, depict a world fraught with conflict and chaos. Theodore Odrach is witness to the horrors that surround him, and as both an investigative journalist and a skilful storyteller, using humor and irony, he guides us through his remarkable narratives. His writing style is clean and spare, yet at the same time compelling and complex. There is no short supply of triumph and catastrophe, courage and cowardice, good and evil, as they impact the lives of ordinary people.

In "Benny's Story", a group of prisoners fight to survive despite horrific circumstances; in "Lickspittles", the absurdity of an émigré writer's life is highlighted; in "Blood", a young man travels to a distant city in search of his lost love; in "Whistle Stop", two German soldiers fight boredom in an out-of-the-way outpost, only to see their world crumble and fall.

Buy it > www.glagoslav.com

Glagoslav Publications Catalogue

- *The Time of Women* by Elena Chizhova
- *Andrei Tarkovsky: A Life on the Cross* by Lyudmila Boyadzhieva
- *Sin* by Zakhar Prilepin
- *Hardly Ever Otherwise* by Maria Matios
- *Khatyn* by Ales Adamovich
- *The Lost Button* by Irene Rozdobudko
- *Christened with Crosses* by Eduard Kochergin
- *The Vital Needs of the Dead* by Igor Sakhnovsky
- *The Sarabande of Sara's Band* by Larysa Denysenko
- *A Poet and Bin Laden* by Hamid Ismailov
- *Zo Gaat Dat in Rusland* (Dutch Edition) by Maria Konjoekova
- *Kobzar* by Taras Shevchenko
- *The Stone Bridge* by Alexander Terekhov
- *Moryak* by Lee Mandel
- *King Stakh's Wild Hunt* by Uladzimir Karatkevich
- *The Hawks of Peace* by Dmitry Rogozin
- *Harlequin's Costume* by Leonid Yuzefovich
- *Depeche Mode* by Serhii Zhadan
- *Groot Slem en Andere Verhalen* (Dutch Edition) by Leonid Andrejev
- *METRO 2033* (Dutch Edition) by Dmitry Glukhovsky
- *METRO 2034* (Dutch Edition) by Dmitry Glukhovsky
- *A Russian Story* by Eugenia Kononenko
- *Herstories, An Anthology of New Ukrainian Women Prose Writers*
- *The Battle of the Sexes Russian Style* by Nadezhda Ptushkina
- *A Book Without Photographs* by Sergey Shargunov
- *Down Among The Fishes* by Natalka Babina
- *disUNITY* by Anatoly Kudryavitsky
- *Sankya* by Zakhar Prilepin
- *Wolf Messing* by Tatiana Lungin
- *Good Stalin* by Victor Erofeyev
- *Solar Plexus* by Rustam Ibragimbekov
- *Don't Call me a Victim!* by Dina Yafasova
- *Poetin* (Dutch Edition) by Chris Hutchins and Alexander Korobko

- *A History of Belarus* by Lubov Bazan
- *Children's Fashion of the Russian Empire* by Alexander Vasiliev
- *Empire of Corruption: The Russian National Pastime* by Vladimir Soloviev
- *Heroes of the 90s: People and Money. The Modern History of Russian Capitalism* by Alexander Solovev, Vladislav Dorofeev and Valeria Bashkirova
- *Fifty Highlights from the Russian Literature* (Dutch Edition) by Maarten Tengbergen
- *Bajesvolk* (Dutch Edition) by Michail Chodorkovsky
- *Dagboek van Keizerin Alexandra* (Dutch Edition)
- *Myths about Russia* by Vladimir Medinskiy
- *Boris Yeltsin: The Decade that Shook the World* by Boris Minaev
- *A Man Of Change: A study of the political life of Boris Yeltsin*
- *Sberbank: The Rebirth of Russia's Financial Giant* by Evgeny Karasyuk
- *To Get Ukraine* by Oleksandr Shyshko
- *Asystole* by Oleg Pavlov
- *Gnedich* by Maria Rybakova
- *Marina Tsvetaeva: The Essential Poetry*
- *Multiple Personalities* by Tatyana Shcherbina
- *The Investigator* by Margarita Khemlin
- *The Exile* by Zinaida Tulub
- *Leo Tolstoy: Flight from Paradise* by Pavel Basinsky
- *Moscow in the 1930* by Natalia Gromova
- *Laurus* (Dutch edition) by Evgenij Vodolazkin
- *Prisoner* by Anna Nemzer
- *The Crime of Chernobyl: The Nuclear Goulag* by Wladimir Tchertkoff
- *Alpine Ballad* by Vasil Bykau
- *The Complete Correspondence of Hryhory Skovoroda*
- *The Tale of Aypi* by Ak Welsapar
- *Selected Poems* by Lydia Grigorieva
- *The Fantastic Worlds of Yuri Vynnychuk*
- *The Garden of Divine Songs and Collected Poetry of Hryhory Skovoroda*
- *Adventures in the Slavic Kitchen: A Book of Essays with Recipes* by Igor Klekh
- *Seven Signs of the Lion* by Michael M. Naydan

- *Forefathers' Eve* by Adam Mickiewicz
- *One-Two* by Igor Eliseev
- *Girls, be Good* by Bojan Babić
- *Time of the Octopus* by Anatoly Kucherena
- *The Grand Harmony* by Bohdan Ihor Antonych
- *The Selected Lyric Poetry Of Maksym Rylsky*
- *The Shining Light* by Galymkair Mutanov
- *The Frontier: 28 Contemporary Ukrainian Poets - An Anthology*
- *Acropolis: The Wawel Plays* by Stanisław Wyspiański
- *Contours of the City* by Attyla Mohylny
- *Conversations Before Silence: The Selected Poetry of Oles Ilchenko*
- *The Secret History of my Sojourn in Russia* by Jaroslav Hašek
- *Mirror Sand: An Anthology of Russian Short Poems*
- *Maybe We're Leaving* by Jan Balaban
- *Death of the Snake Catcher* by Ak Welsapar
- *A Brown Man in Russia* by Vijay Menon
- *Hard Times* by Ostap Vyshnia
- *The Flying Dutchman* by Anatoly Kudryavitsky
- *Nikolai Gumilev's Africa* by Nikolai Gumilev
- *Combustions* by Srđan Srdić
- *The Sonnets* by Adam Mickiewicz
- *Dramatic Works* by Zygmunt Krasiński
- *Four Plays* by Juliusz Słowacki
- *Little Zinnobers* by Elena Chizhova
- *We Are Building Capitalism! Moscow in Transition 1992-1997* by Robert Stephenson
- *The Nuremberg Trials* by Alexander Zvyagintsev
- *The Hemingway Game* by Evgeni Grishkovets
- *A Flame Out at Sea* by Dmitry Novikov
- *Jesus' Cat* by Grig
- *Want a Baby and Other Plays* by Sergei Tretyakov
- *Mikhail Bulgakov: The Life and Times* by Marietta Chudakova
- *Leonardo's Handwriting* by Dina Rubina
- *A Burglar of the Better Sort* by Tytus Czyżewski
- *The Mouseiad and other Mock Epics* by Ignacy Krasicki
- *Ravens before Noah* by Susanna Harutyunyan

- *An English Queen and Stalingrad* by Natalia Kulishenko
- *Point Zero* by Narek Malian
- *Absolute Zero* by Artem Chekh
- *Olanda* by Rafał Wojasiński
- *Robinsons* by Aram Pachyan
- *The Monastery* by Zakhar Prilepin
- *The Selected Poetry of Bohdan Rubchak: Songs of Love, Songs of Death, Songs of the Moon*
- *Mebet* by Alexander Grigorenko
- *The Orchestra* by Vladimir Gonik
- *Everyday Stories* by Mima Mihajlović
- *Slavdom* by Ľudovít Štúr
- *The Code of Civilization* by Vyacheslav Nikonov
- *Where Was the Angel Going?* by Jan Balaban
- *De Zwarte Kip* (Dutch Edition) by Antoni Pogorelski
- *Głosy / Voices* by Jan Polkowski
- *Sergei Tretyakov: A Revolutionary Writer in Stalin's Russia* by Robert Leach
- *Opstand* (Dutch Edition) by Władysław Reymont
- *Dramatic Works* by Cyprian Kamil Norwid
- *Children's First Book of Chess* by Natalie Shevando and Matthew McMillion
- *Precursor* by Vasyl Shevchuk
- *The Vow: A Requiem for the Fifties* by Jiří Kratochvil
- *De Bibliothecaris* (Dutch edition) by Mikhail Jelizarov
- *Subterranean Fire* by Natalka Bilotserkivets
- *Vladimir Vysotsky: Selected Works*
- *Behind the Silk Curtain* by Gulistan Khamzayeva
- *The Village Teacher and Other Stories* by Theodore Odrach
- *Duel* by Borys Antonenko-Davydovych
- *War Poems* by Alexander Korotko
- *The Revolt of the Animals* by Wladyslaw Reymont
- *Liza's Waterfall: The hidden story of a Russian feminist* by Pavel Basinsky
- *Biography of Sergei Prokofiev* by Igor Vishnevetsky
  More coming . . .

GLAGOSLAV PUBLICATIONS

www.glagoslav.com

Lightning Source UK Ltd.
Milton Keynes UK
UKHW050055090223
416728UK00011B/99